SER FELIZ ES *urgente*

DRA. CRISTINA MARTÍNEZ

SER FELIZ ES *urgente*

Un plan de acción para mejorar tus emociones y transformar tu vida

Planeta

Av. Diagonal, 662-664, 08034 Barcelona
www.planetadelibros.com

Ilustraciones de interior: © Dímeloengráfico, © Freepik
Diseño de interior y maquetación: Dímeloengráfico / www.dimeloengrafico.es

Primera edición: enero de 2023
Depósito legal: B. 22.032-2022
ISBN: 978-84-08-26680-8
Preimpresión: Safekat, S. L.
Impresión: Egedsa
Printed in Spain – Impreso en España

Certificado PEFC
Este libro procede de bosques gestionados de forma sostenible y fuentes controladas
PEFC
PEFC/14-38-00305
www.pefc.es

El papel utilizado para la impresión de este libro está calificado como **papel ecológico** y procede de bosques gestionados de manera **sostenible.**

A mis hijos ***Roger*** *y* ***Carla.***
Ojalá alcancéis la felicidad más absoluta.
A ***Jordi,*** *mi todo.*
Gracias por descubrirme
y facilitarme la verdadera felicidad.

Contenido

Introducción

Bienvenido a un espacio en el que lo que más importa eres **tú,** y enhorabuena por tu primer triunfo: haberte atrevido a abrir estas páginas. Aunque no lo sepas, ya has dado el primer paso de un viaje que promete ser apasionante.

En este libro te vas a sumergir en la historia de Carla, un personaje ficticio que podría ser cualquiera de nosotros y que se adentra en el maravilloso mundo del crecimiento personal, a través de un proceso terapéutico dirigido por su psicóloga. A partir de su historia y sus experiencias, adquirirás estrategias para abrir las puertas al bienestar y a la paz interior. Tendrás la oportunidad de ver cómo Carla aplica las numerosas herramientas prácticas que su psicóloga le facilita, de manera que seas capaz de realizar unos ejercicios pensados para que sigas un bonito proceso de crecimiento personal.

Se trata de un libro sumamente práctico y fácil con el que pretendo que te conozcas en profundidad y aprendas a dominar tus estados emocionales, comprendas los estados emocionales de los demás, desarrolles relaciones interpersonales más sanas, gestiones adecuadamente la frustración, aumentes tu autoestima y tengas todas las herramientas necesarias para llegar a ser tu propia fuente generadora de bienestar, de pensamiento y actitud positivos; en definitiva, de felicidad.

No necesitas tener problemas emocionales como ansiedad, depresión, una baja autoestima o problemas graves en el trabajo para beneficiarte de los conocimientos que aquí vas a encontrar. Cualquier persona disfrutará de tener unas mejores habilidades para hacer frente a las circunstancias de la vida de una forma óptima, por lo que **creo sinceramente que todo el mundo debería leer este libro:** a todos nos conviene aprender a manejar adecuadamente nuestras emociones, del mismo modo que todos nos beneficiamos del deporte, la comida sana o la luz del sol.

Esto lo lograrás después de comprender aspectos clave sobre las emociones, los pensamientos y el funcionamiento de la mente humana para así poder dominar, mediante los ejercicios prácticos que te animo a llevar a cabo cada una de estas capacidades. Te ayudaré a que aprendas a **poner el foco en el lugar adecuado.**

Los beneficios que lograrás al leer y experimentar en primera persona este libro serán visibles desde el inicio, porque...

- Te ayudaré a diseñar tu vida soñada.
- Te ayudaré a mejorar tus relaciones.
- Descubrirás talentos y potencialidades que ni siquiera sabías que tenías.
- Verás tu realidad desde otra perspectiva más saludable.
- Descubrirás nuevas ideas para seguir adelante.

- Fijarás objetivos acordes a tus valores.
- Serás y te sentirás escuchado.
- Conocerás tus fortalezas y tus debilidades.
- Trazarás un plan de acción para sacar lo mejor de ti mismo.

Porque en esta vida nos podemos quedar esperando a que las cosas sucedan o podemos hacer que ocurran. De la decisión que tomemos dependerá nuestro futuro entero.

En definitiva, con este libro intento hacerte comprender que tu felicidad está en tus manos, que para ponerte tu ropa más bonita o tomar tu desayuno favorito no tienes que esperar a que sea un día «especial». Porque **ser feliz es urgente,** así que no lo retrases.

¿Estás preparado para empezar el viaje más importante de tu vida y hacer de ti tu mejor obra de arte? Yo te acompaño.

CAPÍTULO 1

El inicio del cambio

Carla se sentó frente a mí. Me miró a los ojos y, antes de poder pronunciar una sola palabra, rompió a llorar. Le acerqué la caja de ***kleenex*** que tengo siempre sobre mi mesa. No hay día que no los necesite. Pasados un par de minutos, logró serenarse y pudo responder a mis preguntas.

—Hola, Carla, ¿qué te trae aquí? ¿En qué te puedo ayudar? —le pregunté.

—Pues no lo sé muy bien, solo sé que hace mucho tiempo que no me encuentro bien y necesito hacer cambios, pero no sé ni por dónde empezar —sentenció ella con la voz aún temblorosa.

Había llegado al lugar adecuado, porque eso es lo que hacemos los psicólogos: ayudamos a las personas a ordenar su mente y a comprender qué les sucede y por qué, y trazamos una hoja de ruta para solucionar cada uno de los problemas que tienen, hasta alcanzar el equilibrio y la paz mental que han perdido por el motivo que sea.

La entrevista duró una hora en la que pude averiguar que Carla era una chica de veintinueve años, se había emancipado a los veintiséis y vivía en un ático pequeñito, pero precioso y muy luminoso, en Barcelona. Sus padres y su hermano vivían a las afueras y los visitaba siempre que su trabajo se lo permitía. Era una apasionada del deporte, la cocina, las novelas románticas, el teatro, la música y la decoración y solía dedicar su escaso tiempo libre a sus aficiones. Se había graduado en Administración y Dirección de Empresas siguiendo la estela de su padre, un alto ejecutivo de banca ya jubilado, y trabajaba desde hacía cuatro años en una multinacional dedicada al sector de la alta cosmética, en el departamento de compras, después de haber trabajado en otras dos empresas que nada te-nían que ver con esta. Tenía un buen sueldo que le permitía vivir sola sin problemas, pero en el trabajo no se sentía valorada y tenía un jefe que era muy desagradable con ella. Seguía ahí porque le gustaba el trabajo que hacía y además tenía varias compañeras que se convirtieron en sus confidentes. Tenía buenas amigas con las que salía los días que podía, era inteligente y lo sabía, había tenido dos relaciones largas que terminaron; una porque sencillamente el amor se fue y otra tras una infidelidad que no pudo ni quiso perdonar. Llevaba soltera más de dos años, pero eso no le preocupaba lo más mínimo, ahora estaba centrada en su carrera. Trabajaba en un espectacular edificio de oficinas en pleno centro de la ciudad de lunes a viernes de nueve a seis, pero raro era el día que salía antes de las ocho de la noche. Era muy atractiva, aunque no lo sentía así. Bastante alta, con el pelo ondulado hasta media espalda y unos ojos negros enormes a los que sabía sacar mucho partido con el maquillaje y llevaba ropa y zapatos muy elegantes. No me sorprendió lo más mínimo cuando me dijo que tenía muchas inseguridades y sentía que los comentarios bonitos que le hacían eran por pura cortesía. Eso le ocurre a quien menos te imaginas.

Me contó que desde hacía unos tres meses se encontraba decaída y apagada, de mal humor y muy cansada. Aunque había intentado hacer cosas que la hicieran feliz, planificando al detalle cada uno de sus fines de semana, su ánimo no mejoraba y se sentía vacía. Se despertaba a menudo en mitad de la noche con presión en el pecho y taquicardia, y aunque duraba muy poco tiempo, le impedía conciliar de nuevo el sueño hasta pasada más de una hora. Tenía pesadillas de lo más variopintas, desde persecuciones en las que correr era una odisea a llamadas que tenía que hacer urgentemente, pero los números del teclado se borraban y se equivocaba al marcar una y otra vez. La cabeza no paraba de dar vueltas a preocupaciones e inseguridades varias sobre el trabajo, sobre las relaciones y sobre la vida en general. El trabajo, desde hacía meses, se había convertido en una pesadilla. Su jefe cada vez la trataba peor y las inseguridades que experimentaba en las negociaciones con sus proveedores cada vez se hacían más notables. Racionalmente sabía que era buena en su trabajo, intentaba dar lo mejor de sí misma y los resultados siempre eran buenos, pero su jefe no hacía otra cosa que presionar más y más. Nunca estaba satisfecho. Si algo salía según lo esperado, el jefe le pedía más, lo que le provocaba mucha tensión y le generaba una sensación de angustia y miedo cada vez que tenía que abrir negociaciones con nuevos proveedores, especialmente cuando tenía que cerrar precios y tratos con ellos. Le preocupaba mucho lo que pensaran y le perturbaba que no tuvieran una buena opinión de ella en todas las parcelas de su vida. Por eso era tan perfeccionista y autoexigente y trataba de mostrar siempre su mejor cara: de algún modo, buscaba la aprobación de los demás. Las situaciones nuevas y desconocidas siempre le provocaban un sentimiento de inseguridad y falta de control que le perforaban la cabeza durante semanas hasta que aquello pasaba y se daba cuenta, una vez más, de que no había sido para tanto.

Últimamente temía los domingos. No lograba disfrutarlos, pues se pasaba el día entero pensando en los lunes.

Sabía que algo no andaba bien porque, aunque aparentemente lo tenía todo, no era feliz.

Una vez que me puso en antecedentes de lo que le estaba ocurriendo en aquel momento, le pedí que me contara los acontecimientos de su vida más notorios.

—He tenido una infancia muy feliz —dijo.

Empecé a tirar del hilo y terminó explicando que su padre fue muy exigente con ella y con su hermano. Dio siempre mucha importancia a las notas del colegio y recibía muchos regalos y felicitaciones de su padre cuando sacaba sobresalientes. Pero recordó también como su padre dejó de hablarle durante tres días cuando tenía doce años porque en el cambio al instituto, con los nuevos alumnos que entraron en el centro venidos de los pueblos vecinos, se despistó bastante y en el primer examen de matemáticas sacó «solo» un 6. Al recordarlo noté como Carla sentía una buena dosis de rabia contra su padre.

—¿Cómo sientes que te trató tu padre durante la infancia y la adolescencia? —le pregunté.

Nunca se lo había cuestionado hasta aquel momento, pero reflexionó un poco y respondió:

—Quizás demasiado estricto. Creo que no era para tanto y sin esas actitudes hubiera sido igualmente una buena estudiante, pero sin sufrir tanto, porque ahora me doy cuenta de que esas pesadillas y esa angustia que siento ahora cuando tengo reuniones importantes son las mismas que tenía entonces ante un examen o una presentación oral. Yo sabía que lo iba a hacer bien, es como ahora, porque soy buena en lo que hago y si me aplico lo saco, pero aun así siempre sentía esa presión en el pecho y ese malestar en el estómago que solo desaparecían una vez que había terminado el examen y estaba segura de que lo había hecho bien —explicó Carla.

—¿Así que esa inseguridad te acompaña desde entonces? —pregunté.

—Creo que sí. ¿Puede tener relación? ¿Es esa la causa de mis inseguridades? —dijo ella.

—Puede ser —le dije.

—¿Así que mi padre es el culpable de lo que me pasa? —preguntó con preocupación.

—No se trata de buscar culpables, sino de comprender lo que te ocurre y por qué te ocurre. Lo que está claro es que, si tu padre hubiera sabido que esas actitudes te dañarían, ¿crees que las hubiera tenido igualmente? —la cuestioné.

—No, realmente no lo creo. Creo que él piensa que solo triunfan las personas que se esfuerzan y sobresalen, porque es la historia de su vida. Él se esforzó mucho por estudiar; de los cuatro hermanos que son, solo él hizo una carrera. Trabajaba y estudiaba y todo lo que tiene es gracias a su tesón. Siempre nos ha inculcado, a mí y a mi hermano, el valor del trabajo y del esfuerzo por llegar alto. Creo que se equivocó en las formas, pero no en el fondo —afirmó convencida.

—Está bien. Si quieres, podremos trabajar esto en detalle más adelante —le propuse.

—Vale —dijo.

Y continuamos...

Hablando de su infancia y adolescencia «feliz», me contó que en el instituto tuvo problemas con sus amigas a raíz de una niña que entró nueva. Esta niña se convirtió en la líder absoluta y todas hacían lo que ella quería. Nadie la podía cuestionar. Hubo una discusión por los asientos del autocar en el que fueron de excursión y le pareció que todas sus amigas se posicionaban injustamente al lado de la otra niña, lo que la hizo sentirse profundamente sola e insegura. Para recuperar a sus amigas y no quedarse sola aprendió a ceder y acatar cada uno de los deseos de la líder. Aprendió a no decir lo que pensaba, porque aquello solo ocasionaba discusiones con esa niña y tenía tanto miedo de enemistarse con ella que trataba de complacerla tanto como podía.

—Si no puedes vencer al enemigo, entonces mejor únete a él —sentenció.

—¿Crees que fue una buena idea dejar de expresarte para evitar conflictos? —le pregunté.

—Para evitar conflictos seguro que sí, pero para creer en mí y quererme, desde luego que no —afirmó segura.

—Está bien que seas consciente de ello. Tomo nota.

De pronto empezó a temblar y a llorar al acordarse de que tuvo una experiencia sexual muy traumática a los trece años. Hacía siglos que no pensaba en ello y lo había enterrado en lo más profundo de su cerebro.

—El chico más guapo de la clase se fijó en mí y yo no podía sentirme más feliz. Era la envidia de todas mis amigas. Me pidió salir y por supuesto le dije que sí. Me dio mi primer beso una tarde de invierno. No sé qué mes sería, lo que recuerdo perfectamente es que hacía muchísimo frío. No me gustó el beso, pero me sentí bien, porque estaba haciendo cosas de adultos y aquello me hacía sentir poderosa. Me sentí segura de mí misma y especial por primera vez desde hacía muchísimo tiempo. No hacía ni dos semanas que estábamos saliendo cuando una tarde me llevó a un bosque, nos tendimos en el suelo y nos empezamos a besar. Sin darme cuenta, me desabrochó el botón del pantalón e intentó introducir su mano. Le dije que no, que parara, muchas veces, no sé cuántas. Pero él siguió. Al ver que no paraba me quedé inmóvil, no entiendo por qué. Sentí tanta vergüenza y estupefacción que me quedé paralizada por lo que estaba ocurriendo. Él siguió haciendo lo que le apeteció y yo, horrorizada, vi como introducía sus dedos dentro de mí una y otra vez. Como si aquello pudiera resultarme satisfactorio. Me pareció asqueroso. Repugnante. Pero no dije nada más. No servía de nada. Me quedé inmóvil deseando que terminara. Cuando intentó ir a más, me levanté como pude y allí se terminó la pesadilla. Nunca más quedé con él a solas. Me daba terror solo imaginarlo. La relación terminó la semana siguiente. No tuve el coraje de decírselo en persona. Supo que lo dejaba a través de su hermano pequeño. Mi primer novio de verdad lo tuve con diecisiete años. Antes no me sentí preparada. Me daban pánico los hombres y el sexo —relató

Carla mostrando sentimientos de rabia, asco y sorpresa al mismo tiempo.

—¿Le contaste a alguien lo que te había ocurrido? —pregunté.

—Solo se lo conté a mi primer novio cuando tenía diecisiete años, porque me quise asegurar de que iría muy muy despacio. Es la segunda vez que se lo explico a alguien —dijo.

Carla acababa de darse cuenta del peso que tenían todas aquellas experiencias tempranas en la persona que era hoy. Nunca había reflexionado sobre aquello y se sentía liberada y removida a partes iguales.

Siguió contando experiencias relevantes en cuanto a la universidad y su primer trabajo. Estudió ADE porque era lo que había estudiado su padre y le había ido muy bien en la vida. Jamás se preguntó si realmente era aquello a lo que se quería dedicar y por qué. Me contó también sobre sus dos relaciones de pareja, la primera de las cuales duró tres años (aunque le sobraron dos), y la segunda, poco más de un año. Siguió explicándome cosas sobre sus relaciones de amistad, con alguna ruptura de por medio por falta de afinidad y otros malentendidos. La inseguridad, el miedo a que le hicieran daño y el temor a qué pensarían de ella la acompañaron en cada una de estas experiencias.

—Me estoy dando cuenta de que es la primera vez que miro mi vida desde este prisma. Me doy cuenta de que he estado viviendo como si fuera una especie de robot, que hace las cosas porque tocan, porque se espera eso de mí, no porque realmente yo lo haya decidido pensando en lo que sí y en lo que no me conviene... Me siento muy extraña ahora mismo —dijo.

—Es normal. Pero estás dando un gran paso hoy. Te felicito y te agradezco que te abras a mí de una forma tan sincera —le dije.

Sin conciencia no hay posibilidad de cambio

Hasta el momento de llegar a la consulta, Carla siempre había creído que todo aquello era «lo normal», que sentirse inferior e insegura ante determinadas personas y situaciones era lo normal. Que hacer cosas contra su voluntad por contentar a los demás era lo normal. Que no poner límites a los demás era lo correcto, porque había que complacer a todos y conseguir así su aprobación y su amor. Que tener angustia antes de cada acontecimiento importante era lo normal. Pero la realidad es que nada de todo aquello era «lo normal».

Había mucho trabajo por hacer y el viaje no había hecho más que empezar...

El primer paso para cambiar algo es darte cuenta de qué tienes que cambiar y por qué.

Y Carla estaba tomando conciencia de todas estas cosas a medida que iba haciendo un recorrido por su historia de vida.

¿Alguna vez te has parado a analizar cómo cada uno de los acontecimientos relevantes que has vivido han impactado en la persona que eres hoy?

Vivimos millones de experiencias a lo largo de la vida, algunas maravillosas que nos empoderan y nos hacen creer en nosotros y otras traumáticas y terribles que son las responsables de ansiedades, inseguridades y miedos varios. Todas ellas tienen un impacto definitivo en el desarrollo de nuestra personalidad.

Pero ¿sabes qué? Gracias a la plasticidad de nuestro cerebro, el cambio siempre es posible. Puedes convertirte en tu mejor obra, sacar lo mejor de ti y mejorar lo peor de ti. Para ello es fundamental hacer un proceso de autodescubrimiento y autoconocimiento de quién eres, cómo eres y de los verdaderos objetivos vitales que son significativos para ti, como pronto iba a empezar Carla en su proceso terapéutico.

Lo cierto es que casi todo el mundo quiere sacar lo mejor de sí, pero muy pocos lo consiguen, porque realmente **no destinan la energía necesaria a tal fin.** No es tarea fácil, pero desde luego no es imposible ni hay una edad límite para lograrlo.

La clave para ello primero pasa por profundizar en ti mismo, es decir, por descubrir **quién eres** y a continuación averiguar **quién quieres ser.**

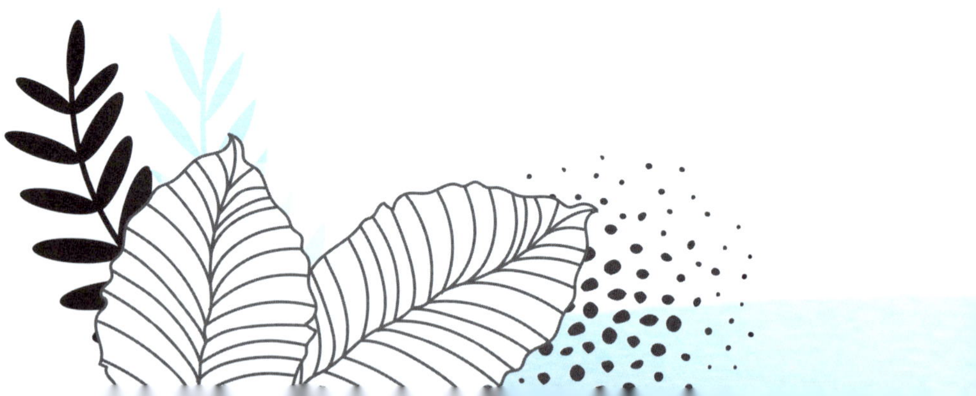

Eres el resultado de tus experiencias pasadas, pero serás el resultado de las acciones que emprendas a partir de hoy.

—Carla, te propongo que hagamos un ejercicio que me permitirá conocerte mejor y probablemente a ti te permita conocerte también mejor.

—Vale.

—Voy a darte un papel en blanco y quiero que traces una línea vertical. En el extremo superior escribe el 0, que corresponde a tu nacimiento, e iremos avanzando hacia abajo con los sucesos más significativos que has vivido hasta la actualidad. Te propongo que a la derecha de la línea anotes los eventos que calificas como positivos para tu desarrollo y a la izquierda, los eventos negativos, aquellos que sientes que te han dañado de algún modo.

—No sé si voy a acordarme de todo lo importante —dijo Carla.

—No te preocupes, podemos añadir lo que sea necesario a medida que lo vayas recordando. Empieza escribiendo aquello que recuerdas y lo demás, si tiene que salir, saldrá —le aseguré.

Aquí te muestro la línea de vida de Carla:

- **0**
- **3** Inicio P3 colegio. Recuerdos bonitos con mi madre.
- **7** Mis padres compran casa nueva. Cambio a mejor. Nuevas amigas.
- **11** Termino primaria con un sobresaliente de media.
- **12** Instituto. Problemas con grupo de amigas. Me dejan de lado. Papá me deja de hablar por malas notas.
- **13** Agresión sexual.
- **14** Muere mi abuela paterna.

- **16** Empiezo clases de música y teatro. Me hace muy feliz. Nuevas amigas.
- **17** Examen de selectividad. Ansiedad máxima.
- **17** Conozco a Víctor, mi primer novio. Me trata increíble. Nota de bachillerato 9,2.
- **18** Primer día de universidad, vergüenza extrema. Lo paso fatal.
- **18** Empiezo la universidad. Experiencia brutal.

19 — Ruptura de pareja. Aunque soy yo la que lo decide, lo paso fatal. Me quedo muy sola.

21 — Prácticum de ADE en empresa. La jefa me maltrata.

Carné de conducir + Me compro mi primer coche.

22 — Termino ADE con una media de 8,9. Empiezo a trabajar a los 3 meses de acabar estudios.

23 — Conozco a Álex en el trabajo. Todo es muy excitante y divertido.

24 — Ruptura con Álex. Me engaña con una compañera de trabajo. Me voy de la empresa.

25 — Accidente de coche. Nada grave. Cojo miedo a conducir un tiempo.

Consigo trabajo en empresa actual. Proceso de 90 personas: me seleccionan a mí.

26 — Muere mi abuela materna.

Me emancipo. Alquilo un piso espectacular que decoro a mi gusto.

29 — ¿Crisis cercana a los 30? No sé qué me pasa, pero no me encuentro feliz. Pido ayuda.

Me encanta mi vida, aunque trabajo mucho, disfruto de lo que hago: viajes, ocio...

—Buen trabajo, Carla. ¿Ves como te has acordado de un montón de cosas?

—Desde luego —dijo sorprendida.

—Me doy cuenta de que tu autoestima y bienestar personal están muy basados en tus logros académicos y profesionales. Creo que si de algo estás segura es de que inteligencia cognitiva tienes un rato largo.

—Sí, de eso no me quejo —dijo tímida.

Pero era evidente que aquello no lo era todo para alcanzar la plenitud que andaba buscando en consulta. Las inseguridades que la acompañaban en todo lo que hacía le restaban permanentemente su felicidad y perturbaban su paz interior más a menudo de lo que le gustaría.

Te propongo que, antes de seguir adelante, te detengas ahora mismo a hacer tu línea de vida. En este ejercicio vas a anotar todas las experiencias (buenas y malas) que has vivido a lo largo de tu vida y que te han marcado como persona. Al principio está el 0, que corresponde al día de tu nacimiento y, por orden cronológico, escribe en la parte derecha de la línea las cosas bonitas que te han ocurrido desde el momento de tu nacimiento hasta ahora. En la parte izquierda anota todos los acontecimientos adversos que has vivido. Dedica el tiempo que sea necesario a esta tarea. No es un ejercicio para hacer en diez minutos. Te ayudará a comprender muchos aspectos de tu personalidad, de tus relaciones, de tus actitudes y va a ser el punto de partida con el que vas a trabajar a partir de ahora para convertirte en tu mejor obra.

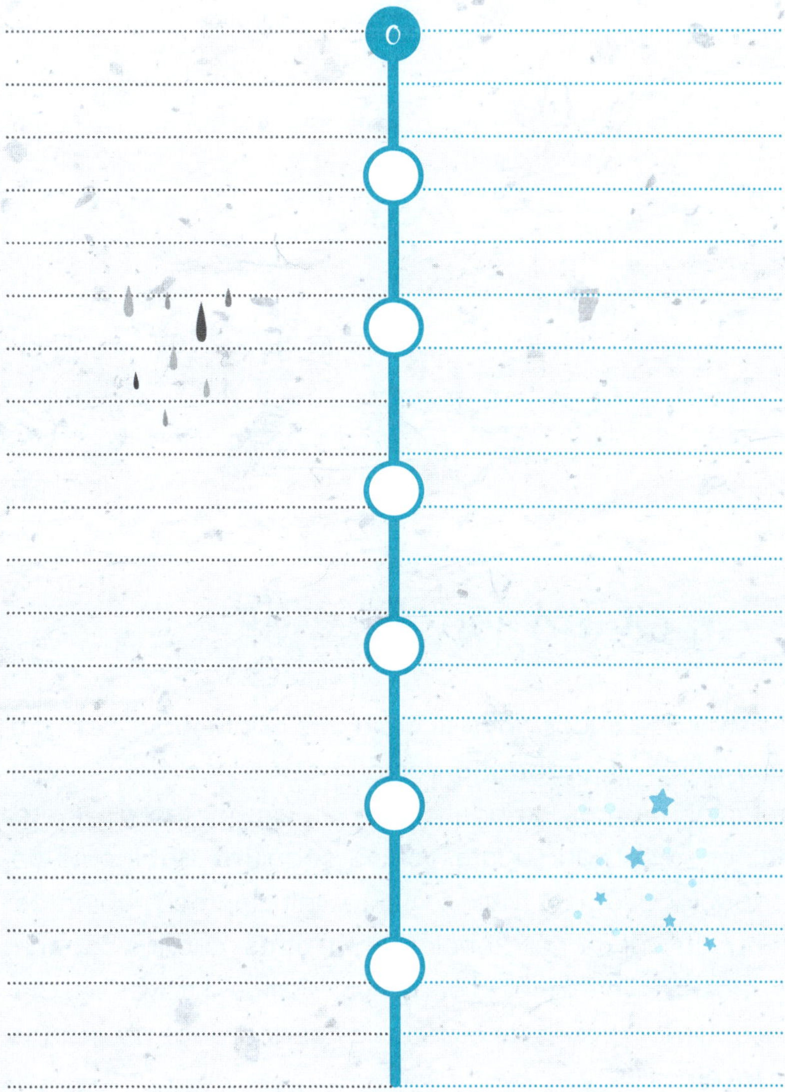

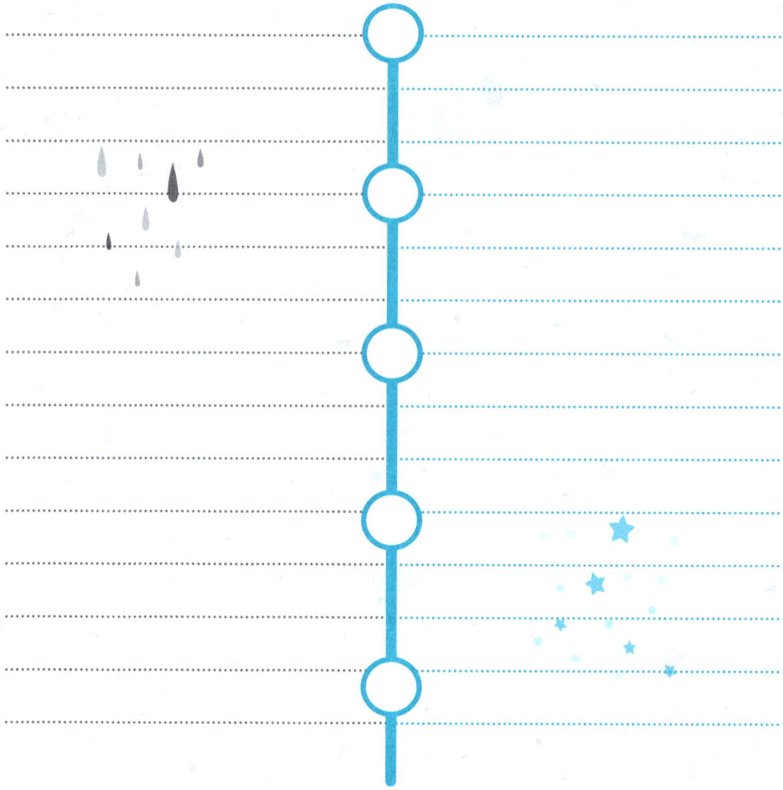

El verdadero éxito

Hasta hace pocos años se creía que el indicador del éxito que podía alcanzar una persona estaba estrechamente relacionado con su coeficiente intelectual (en adelante, CI), es decir, con su inteligencia cognitiva. Hablamos de capacidad lógica, razonamiento, solución de problemas, lenguaje, memoria, atención, entre otras muchas capacidades. Esta inteligencia cognitiva se mide a través del CI y se obtiene a través de pruebas estandarizadas diseñadas a tal efecto.

Hace tan solo cuarenta años se pensaba que dicho CI era el valor determinante para predecir el éxito académico, laboral y personal de las personas, por lo que la inteligencia era, y sigue siendo, una de las aptitudes más valoradas universalmente, hasta que en 1983 Gardner introduce por primera vez la idea de que el CI no podía explicar completamente la capacidad cognitiva de la persona, al no tener en cuenta ni la inteligencia interpersonal, que se refiere a la capacidad para comprender las intenciones, motivaciones y deseos de los demás, ni tampoco la inteligencia intrapersonal, aquella que hace referencia a la capacidad para comprender las emociones, limitaciones y motivaciones propias.

Fue en los años noventa cuando Peter Salovey, John D. Mayer y algo más tarde Daniel Goleman, todos ellos psicólogos norteamericanos, empezaron a estudiar en profundidad el campo de la **inteligencia emocional,** demostrando que más del 80 % del éxito de una persona se puede predecir por su nivel de inteligencia emocional, mientras que solamente el otro 20 % se explicaría por el CI de dicha persona. Tanto es así que numerosos estudios científicos han analizado las vidas de las personas que puntuaban más alto en las pruebas de inteligencia y han comparado sus niveles de satisfacción frente a determinados indicadores de éxito vital, como son el sentimiento de felicidad general, el prestigio o el éxito laboral, y han puesto de manifiesto que el CI apenas representa este 20 % de los factores determinantes del éxito.

Desde entonces, cada vez son más las personas que se están interesando por este concepto y por cómo el desarrollo de su inteligencia emocional les puede ayudar a desarrollar al máximo sus aptitudes y sus actitudes ante la vida para, de esta forma, ser mejores gestores de sus emociones, de sus decisiones y de sus comportamientos.

Sin embargo, algo que deberíamos descubrir desde bien pequeños muchos lo tenemos que aprender en la edad adulta. Porque sin una buena gestión de nuestras emociones y sin una buena dosis de autoconocimiento, por más inteligencia cognitiva que tengamos, no podremos llegar muy lejos.

Conocernos en profundidad y saber por qué hacemos las cosas, si por nosotros o por lo que se espera de nosotros, es de suma importancia. Esa es la clave del éxito en la vida.

HACERNOS LAS PREGUNTAS ADECUADAS ES FUNDAMENTAL.

- ¿Qué es verdaderamente importante en mi vida y por qué?
- ¿Cuál es mi misión de vida?
- ¿Qué necesito para alcanzar mis metas?
- ¿Qué necesito para sentirme feliz?

Hay personas que nacen con elevadas dosis de inteligencia cognitiva, pero sin esta inteligencia emocional están perdidas en un mar infinito, lleno de tiburones y de tormentas, pero también de peces, corales e islas paradisíacas, por lo que, para alcanzar el verdadero éxito, es decir, para alcanzar la felicidad, es necesario desarrollar al máximo la inteligencia emocional.

Así pues, hablamos de inteligencia emocional para referirnos al **autoconocimiento** que tenemos, es decir, el conocimiento de nuestras emociones y de cómo las gestionamos, de nuestras necesidades y de nuestros sueños, así como al conocimiento de las emociones ajenas y de cómo influyen en nuestro estado de ánimo. Tener inteligencia emocional es saber **regular adecuadamente nuestras emociones** y no reaccionar de una manera exagerada y perturbadora ante los distintos acontecimientos de la vida, para que no nos afecten tan negativamente ni a nosotros ni a los demás, y conocernos en tal grado de profundidad que sepamos hacia dónde queremos ir y por qué, alcanzando así todas las metas que nos queramos proponer. Tener inteligencia emocional es tener la capacidad de **automotivarnos** a llevar a cabo los proyectos y metas que son importantes para nosotros, ser persistentes y seguir adelante en dicha meta a pesar de las dificultades, la fatiga o las frustraciones, tener la capacidad de controlar los impulsos y tomar decisiones de forma reflexiva y meditada, tener la capacidad de demorar las gratificaciones para poder alcanzar sueños más grandes, tener la capacidad de **empatizar** con los demás y comprender por qué, a veces, se comportan de forma ilógica desde nuestro punto de vista.

Los cuatro aspectos mencionados son los pilares de una buena inteligencia emocional y es lo que le propuse a Carla que trabajáramos a lo largo de los siguientes meses. La ayudaría en el fascinante viaje a convertirse en su mejor obra. Aceptó con entusiasmo y la cité la semana siguiente para empezar a trabajar.

EN RESUMEN

- Puedes convertirte en tu mejor obra, sacar lo mejor de ti y mejorar lo peor de ti.
- Para ello necesitas hacer un proceso de autodescubrimiento y autoconocimiento de quién eres, cómo eres y de los verdaderos objetivos vitales que son significativos para ti. El 80 % del éxito de la vida de las personas depende de su inteligencia emocional, y adquirirla te llevará a crecer más de lo que nunca hubieras imaginado.
- No importa lo bien que parezca irte en los distintos aspectos de tu vida si eres incapaz de gestionar adecuadamente tus emociones, si no te conoces, si no tienes un objetivo claro en la vida ni logras motivarte.
- No dejes tu bienestar y tu éxito en manos del azar.

CAPÍTULO 2

El maravilloso mundo de la autoobservación y la conciencia plena

Había pasado solo una semana y, además, no le había dado ninguna pauta ni tarea que realizar, pero Carla se sentó sonriente y me dijo que había empezado a sentirse diferente, más esperanzada y con ilusión de seguir descubriendo nuevas cosas sobre sí misma y trabajar en ellas para mejorar cada día un poquito más. Entendió que solo así lograría sentirse plena y dejaría atrás muchos de los miedos que la habían acompañado toda su vida.

—Para lograr conocerte en profundidad, es necesario que desarrolles tu capacidad de *insight,* es decir, tener conciencia de tus estados emocionales, de tus características personales y de tus necesidades. Esta es la clave para que empieces a dominar tus emociones y tus reacciones. El cerebro humano está diseñado para funcionar en modo «piloto automático». Tu atención no siempre está centrada en el momento presente y esto hace que te pierdas una enorme cantidad de información de lo que estás viviendo día tras día —le expliqué a modo de introducción—. ¿Cómo llegas hasta tu trabajo? ¿Transporte público? ¿Andando? ¿Coche?

—Normalmente voy en metro —dijo.

—¿Te ha pasado alguna vez que no hayas siquiera visto pasar determinadas paradas porque tenías tu mente distraída en otras cosas?

—Ya lo creo. Es más, muchas veces no sé ni qué canciones han sonado en mi móvil porque estaba pensando en otras cosas de las que, en realidad, tampoco soy consciente —afirmó.

—Exacto. Eso te ocurre, como a todos, porque por tu mente pasan miles de pensamientos a lo largo del día, pero eres consciente solamente de una minúscula parte de ellos. Y aunque estar en piloto automático es muy eficiente para tu cerebro, dado que te permite automatizar muchísimas cosas que haces en el día ahorrando así una gran cantidad de energía, eso significa que no estás presente en cada momento y esto te hace perder una información increíblemente valiosa, como, por ejemplo, las canciones que te acompañan de camino al trabajo, o los paisajes que te rodean, o la temperatura del sol por las mañanas —sentencié.

—Y eso... ¿se puede cambiar? —preguntó con interés.

—Así es. Para ello hay que entrenar el cerebro, igual que entrenamos otras partes del cuerpo para que sean más fuertes. Hoy vamos a hablar del poder de la autoobservación y de la conciencia para lograr los cambios que necesitas —le expliqué.

Aquella sesión la dedicamos por completo a profundizar en el papel clave de la autoobservación como primer y necesario paso para iniciar cambios significativos en la vida.

Insight: observarte para conocerte

Solo a través de la **autoobservación** una persona puede lograr conocerse a sí misma tras un proceso de reflexión profunda y continua en la que comprende quién es, cómo es, las cualidades y defectos que la caracterizan, las actitudes que adopta en su relación con el mundo y consigo misma, las emociones que experimenta ante determinadas situaciones y cómo estas afectan a las conductas hacia sí misma, hacia la vida y hacia los demás. ***Insight*** es una palabra inglesa que significa literalmente 'visión', por lo que en psicología se usa para referirnos a la capacidad de «ver» dentro de nosotros, de tomar conciencia y conectar con nuestro interior. Esto se logra a través de la autoobservación y la reflexión acerca de los procesos que se descubren durante este ejercicio.

La autoobservación, por tanto, es el primer paso para alcanzar un buen nivel de *insight* y, con él, el autoconocimiento, que es uno de los principales pilares de la inteligencia emocional. Como habilidad, la autoobservación puede ser entrenada y perfeccionada, y actúa como un potente predictor de éxito en la vida de las personas, pues es clave en el desarrollo personal, ya que permite a la persona marcarse metas significativas. Y gracias al autoconocimiento adquirido a través de ese *insight*, que es la base de una autoestima sana y equilibrada (y del que hablaremos en profundidad en el siguiente capítulo), podemos identificar en qué punto nos encontramos respecto a las metas que nos hemos marcado, haciendo los ajustes necesarios en cada momento para alcanzar dichas metas de una forma más resuelta.

Solo alcanzando metas significativas se logra el verdadero empoderamiento.

¿Te ha pasado alguna vez que vas en coche conduciendo sin realmente ser consciente de lo que estás haciendo? Es lo que le sucedía a Carla durante su viaje en metro. Llegas a tu destino y te das cuenta de que no has sido consciente de cuándo has pasado aquella rotonda o aquel semáforo por el que seguro has tenido que pasar. Buscas, pero no encuentras ninguno de esos recuerdos en tu mente. No hay rotonda ni semáforo. No has podido procesar esa información porque tu mente estaba en piloto automático. Te has perdido todo eso. Esa información no parece muy relevante, la verdad. Pero ¿qué pasa cuando lo que te pierdes es la sensación del abrazo de tu hijo cuando lo recoges en la puerta del colegio? ¿Qué pasa cuando lo que te pierdes es el aroma del pan recién salido de la tostadora tal como a ti te gusta? ¿Qué pasa cuando lo que te pierdes es la sensación de relax tras una ducha al final del día? Pues lo que pasa es que te estás perdiendo la vida misma, con sus matices infinitos, y con ello la posibilidad de **multiplicar tus sensaciones y momentos de felicidad.**

Cuando funcionamos en piloto automático, es probable que los acontecimientos internos o externos puedan desencadenar antiguos hábitos tóxicos de pensamiento que nos lleven a actuar de un modo del todo ineficiente y puedan empeorar nuestro estado de ánimo. Por eso, desarrollar la capacidad de *insight* es del todo esencial.

Tomar mayor conciencia de tus pensamientos, emociones y sensaciones físicas en cada momento te va a dar una mayor libertad de elección. Tú vas a poder escoger cuál es tu estado de ánimo. Tú vas a poder decidir si ese sentimiento es el que quieres tener en ese momento o, por el contrario, prefieres cambiarlo por otro estado de ánimo **más adaptativo** (es decir, útil para ti y para tu vida) que te haga ser más feliz.

—Si estás en piloto automático no te das cuenta de cuándo tu estado de ánimo empieza a cambiar y, si no te das cuenta, difícilmente vas a poder hacer nada al respecto. En cambio, si eres más consciente de cada momento, de cada cosa que te ocurre, cada sensación física que tienes, cada emoción que experimentas, puedes alterar tu propia experiencia y los efectos que todo eso pueda tener sobre ti —le seguí contando.

—¿Y cómo lo hago? —preguntó.

—¿Has meditado alguna vez? —le pregunté.

—No, nunca —dijo.

—Pues vamos a hacer un ejercicio para introducirte en el mundo del *mindfulness* y entrenar así tu mente a estar más enfocada con el momento presente.

MEDITACIÓN

Antes de continuar, te animo a hacer un ejercicio mundialmente usado para iniciarte en la práctica de la meditación consciente, creado por Jon Kabat-Zinn, uno de los científicos que han contribuido en mayor medida al estudio y la divulgación de los efectos de la meditación en la reducción del estrés y otros trastornos. Antes de escuchar el audio, prepara una pasa o un pequeño alimento (un trozo de queso, una almendra, una oliva...). Ahora sí, escanea el código y sigue las instrucciones de este audio. Anota aquí tus reflexiones:

Mi experiencia al tomar un alimento de manera consciente

El poder de la meditación

Mindfulness, conocido también como atención o conciencia plena, es una práctica o una filosofía de vida basada en la meditación que consiste en entrenar el foco de atención para ser consciente de modo intencionado en el momento presente, sin juzgar ni apegarse o rechazar la experiencia.

Para entrenar la mente a estar más enfocada en el aquí y ahora y salir así del piloto automático, la práctica de la meditación resulta de enorme utilidad. La meditación es una forma de entrenar tu mente, pero hay otras fórmulas igual de interesantes y eficaces.

El objetivo es que incrementes tu conciencia o *insight,* tu capacidad de autoobservación, para que puedas responder a las situaciones que vivas tal como tú elijas, en lugar de reaccionar de forma automática. Esto solo se puede conseguir con un entrenamiento duro día a día de tomar conciencia, de ser capaz de percibir dónde está tu atención en cada momento y deliberada e intencionadamente cambiar el foco una y otra vez allí adonde a ti te interese.

Estar presente de forma intencionada en cada experiencia nos lleva a un estado completamente opuesto al de piloto automático, del que debemos huir, porque ahí no tenemos conocimiento ni control de lo que nos está ocurriendo.

—Me parece increíble haber notado matices en esta pasa que nunca había notado. ¡Creo que es la pasa más rica que me he comido jamás! —dijo emocionada.

—Cuando hacemos las cosas con conciencia plena, la experiencia se intensifica. Por eso te animo a que te habitúes a meditar todos los días, empezando por meditaciones guiadas cortitas de cinco a diez minutos hasta pasar a meditaciones más largas. Yo te facilitaré varios audios —le dije.

—No sé si lo voy a lograr. Estas cosas a mí me aburren y temo no ser capaz de cumplir con el objetivo —dijo.

—Hasta que no empieces no podrás ser consciente de las grandes ventajas que tiene esta práctica en tu vida. Proponte el reto de hacerlo al menos los próximos siete días, hasta nuestra próxima cita. No puedes negar que puedes sacar cinco minutos al día para parar y hacer la práctica de la meditación. Sin exigencias. Si fallas algún día no pasa nada. Pero que tu firme intención sea la de entrenar todos los días y comenzar tu jornada con una meditación guiada de cinco o seis minutos para arrancar el día bien enfocada. ¿Qué te parece? —le pregunté.

—Lo intentaré —afirmó convencida.

—Ten en cuenta que, si quieres lograr cambios, debes trabajar por ellos. Si quieres resultados diferentes, tendrás que hacer cosas diferentes.

—Está claro —dijo.

—Perfecto, vamos a dejarlo aquí por hoy. Pero antes, te propongo que elijas una actividad rutinaria, algo que repitas todos los días de tu vida, como lavarte los dientes, peinarte, vestirte, desayunar, tomar el café, lo que sea, y que lo hagas con atención plena, tal como hemos hecho hoy con el ejercicio de la pasa, poniendo todos tus sentidos en la actividad. Te propongo que sea una actividad que dure muy poco tiempo, porque de lo contrario te darás cuenta de lo difícil que te va a resultar mantener el foco en el aquí y ahora y verás, con cierta frustración, que tu mente está más en el piloto automático de lo que te imaginas. Pero no debes preocuparte por ello. La mente hace esas cosas, salta de un pensamiento a otro sin que te des cuenta. Por eso te propongo este entrenamiento. Para que cada vez te resulte más fácil detectar cuándo el pensamiento se ha ido y adónde se ha ido. ¿Qué actividad crees que podrías practicar con conciencia plena? —le pregunté.

—Pues el momento de lavarme la cara por las mañanas —dijo.

—¡Excelente! Te animo a llevar un registro diario de esta experiencia y me encantaría que lo trajeras la próxima sesión para que podamos comentarlo juntas —le propuse.

A continuación, te facilito varios audios de meditación con los que introducirte en esta práctica formal de *mindfulness.* Te animo así mismo a que lleves un registro diario con tu experiencia para tener mayor conciencia de tus avances.

MEDITACIÓN

de la respiración consciente: punto de partida

Se trata de una meditación muy sencilla con la que pretendo que hagas una primera toma de contacto con la meditación poniendo el foco de atención en la respiración. Es una herramienta muy potente que te permitirá alcanzar mayor bienestar emocional en pocos minutos y conciencia plena de las sensaciones físicas y psicológicas de la respiración.

MEDITACIÓN

para trabajar la atención consciente

El objetivo consiste en que practiques el control de tu atención de manera consciente mediante la observación de un lugar específico de tu cuerpo. Esta meditación pretende que entrenes tu mente a realizar aquello que tú quieras que realice y que atienda a las cosas que únicamente tú desees, en lugar de que tus pensamientos intrusivos se apoderen de ti.

MEDITACIÓN

de las sensaciones

Con esta meditación podrás conectar con las distintas sensaciones de tu cuerpo y tu respiración con el fin de desarrollar una adecuada conciencia corporal. Esta práctica permitirá tomar mayor conciencia de los mensajes que a menudo emite el cuerpo a través de sensaciones físicas.

·: MEDITACIÓN .:

del aquí y ahora: gratitud

El objetivo de esta meditación es centrar la atención en las cosas y las personas por las que sientes gratitud. A través de ella podrás expandir el sentimiento de paz y amor hacia ti mismo, hacia los demás y hacia la vida que tienes aquí y ahora y sentirte pleno y feliz.

·: MEDITACIÓN .:

«Estoy aquí para mí»

Sirve para poner el foco en observar tu propio contenido mental, para reconocer cada pensamiento, sentimiento o sensación con el objetivo de encontrar lo que tu interior necesita para sentirse feliz y en paz.

DÍA Y HORA	ACTIVIDAD CONSCIENTE/ MEDITACIÓN GUIADA	COMENTARIOS Y REFLEXIONES

EN RESUMEN

- Solo a través de la autoobservación una persona puede lograr conocerse a sí misma, comprender quién es, cómo es, las actitudes que adopta, las emociones que experimenta.
- Para adquirir esta importante habilidad, es imprescindible desarrollar la conciencia plena. Cuando vives en piloto automático, te estás perdiendo la vida misma, con sus matices infinitos, y con ello la posibilidad de multiplicar tus sensaciones y momentos de felicidad.
- Tomar mayor conciencia de tus pensamientos, emociones y sensaciones físicas te va a dar una mayor libertad de elección.
- La práctica de la meditación será tu mayor aliada: te ayudará a adentrarte en los recovecos de tu conciencia.

CAPÍTULO 3

Descubrirse de verdad: el autoconocimiento

—¡Madre mía, estoy alucinada! —dijo Carla con un brillo de emoción en sus ojos nada más sentarse frente a mí.

—¿Has empezado ya a notar los cambios que la meditación y la conciencia plena tienen en ti? —pregunté.

—¡Ya lo creo! ¿Sabes lo que te conté de la agresión sexual que sufrí cuando tenía trece años? —me preguntó.

—Claro que sí.

—Bueno, pues lo que no te dije fue que siempre me había sentido avergonzada y por eso nunca lo había contado más que a mi primer novio y a ti. Lo cierto es que tanto meditar y conectar conmigo misma me ha hecho darme cuenta de que también me sentía superculpable, como si aquello hubiera sido culpa mía por no haberme ido corriendo de una situación que me estaba generando tantísimo malestar. ¡Me sentí tonta! Pero me he dado cuenta de que esto puede estar relacionado con el problema que tuve tiempo atrás con mis amigas del colegio. Las que me dejaron de lado. Creo que entonces aprendí a callar y complacer y por eso no fui capaz de defenderme de aquella agresión —explicaba Carla, entusiasmada de comprender al fin por qué reaccionó como lo hizo.

—¡Caramba! Qué buena reflexión has hecho estos días. ¿Has podido meditar a diario? —pregunté.

—Todos los días menos el sábado, que no me planifiqué bien y al final se me olvidó —reconoció algo preocupada.

—No te preocupes, lo importante es que tu intención sea convertirlo en un hábito que realices casi sin esfuerzo a diario, igual que te lavas los dientes por la mañana —le dije en tono tranquilizador.

Revisamos el registro de meditación de la semana y leímos juntas las reflexiones que extrajo tras cada una de las prácticas formales de meditación.

—Enhorabuena por el trabajo que has hecho estos días. Percibo un gran compromiso por tu parte en tu proceso de cambio y te felicito por ello. Son tus ganas de mejorar tu vida, junto con los conocimientos que aquí vas a adquirir, las que te llevarán al cambio que andas buscando.

—Estoy ansiosa por seguir descubriendo —dijo visiblemente entusiasmada.

—Maravilloso. Ya eres consciente de la importancia de detectar tus pensamientos, emociones y sensaciones físicas a medida que van sucediendo. Solo así podrás vivir con más intensidad las experiencias positivas y modificar las que no lo sean. Observarte es el paso necesario para adentrarte en tu universo y descubrir cosas imprescindibles para diseñar y crear la persona que siempre has querido ser, con la vida que siempre has deseado tener. Hoy vamos a dedicar la sesión por completo a trabajar en el autoconocimiento —le expliqué.

¿Quién soy y adónde voy?

Navegar en el universo emocional no es una tarea fácil y no todas las personas están dispuestas a mirar dentro de sí mismas. Adentrarse en ese mundo tan poco tangible requiere de un gran coraje, pues es un espacio desconocido e incluso oscuro, que puede llegar a asustar, pero que también puede ser un lugar maravilloso cuando arrojas luz sobre él.

Si me lo permites, voy a volver a usar una metáfora con un medio de transporte: ¿te imaginas montarte en un taxi y no saber adónde quieres ir? Y entonces, ¿por qué sí parece normal la posibilidad de ir por la vida sin saber adónde nos dirigimos? Tú eres tu propio taxi. Si sabes darte las indicaciones adecuadas, te dirigirás a tu destino usando el mejor camino para ti. Es imprescindible que te conozcas en profundidad, porque solo así podrás dirigirte con determinación hacia los lugares que tú decidas, porque son los que crees que te van a hacer sentir plenamente feliz.

Claro está que puedes encontrar tráfico, calles cortadas por obras y un sinfín de retrasos, pero con paciencia y determinación terminarás llegando, más tarde o más temprano, a tu destino soñado. Sin embargo, ¿qué ocurrirá si no sabes decirle adónde quieres ir? Pues que sencillamente no te llevará a ninguna parte o, lo que es peor aún..., será él quien decida adónde llevarte, quizás te guste el destino o quizás lo detestes. Lo que está claro es que no puedes dejar que sean los demás quienes marquen tu destino, porque nadie mejor que tú sabe lo que te conviene.

El **autoconocimiento** te ayuda a encontrar la libertad de ser tú mismo, de saber quién eres realmente. Decir que eres Carla y que eres arquitecta, o médica, o lo que sea expresa lo que *haces* o a lo que te dedicas, pero no te dice quién *eres*. Créeme que merece la pena despertar la conciencia y adentrarte en tu autoconocimiento. Verás un sinfín de posibilidades.

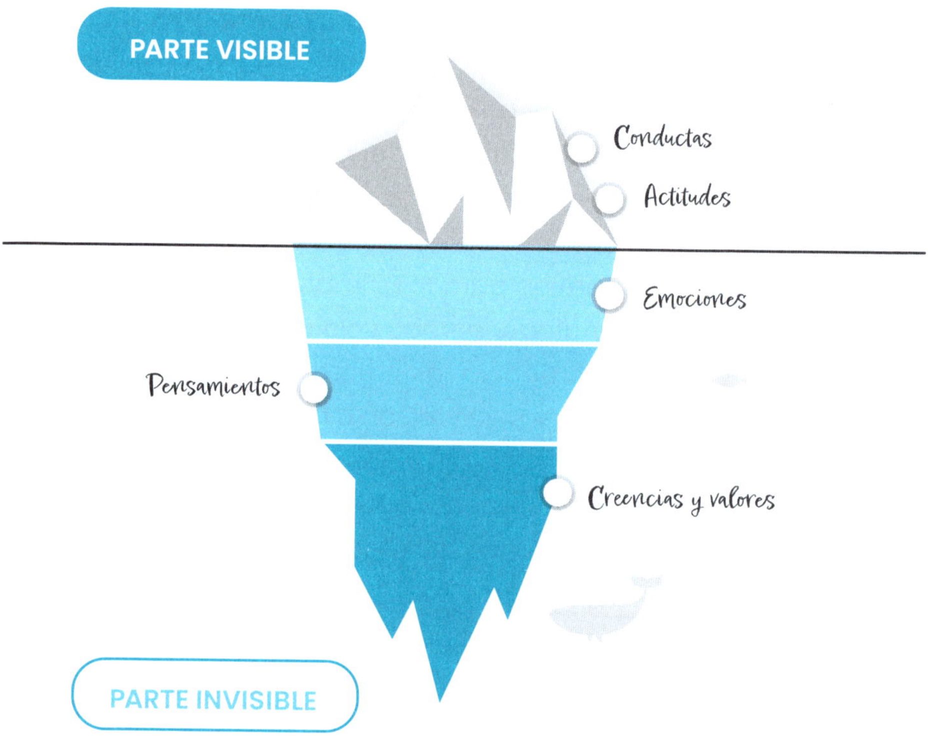

Para ello quiero ilustrarte con la imagen de un iceberg.

Esta figura representa de manera muy gráfica cómo funciona nuestra personalidad y cómo esta afecta a nuestras emociones y nuestros comportamientos. Todos tenemos una parte visible que mostramos al mundo que nos rodea: es la parte consciente, la parte de nuestros comportamientos y actitudes, lo que el resto del mundo ve de nosotros. Por ejemplo, si mis comportamientos son tímidos e inseguros, eso es lo que los demás verán de mí.

Pero sabes perfectamente que no solo somos lo que se ve. Debajo de esa puntita que asoma, hay una estructura gigante que nadie puede ver, salvo tú. Eso siempre y cuando hayas hecho el ejercicio de pararte a mirar qué es lo que hay debajo de la punta de tu iceberg. Hayas mirado ya o estés a punto de hacerlo a partir de ahora, lo que hay debajo de tus actitudes y tus comportamientos son tus emociones, que a su vez son el resultado de tus pensamientos, tus valores y tus creencias nucleares. De todo esto hablaremos en profundidad más adelante. Por el momento, es suficiente con que comprendas las grandes **ventajas** que conocerte en profundidad tiene para ti.

Eres tu propio taxi: elige el destino y llévate adonde te apetezca

Gracias al autoconocimiento:

- Lograrás tener una **mayor y mejor conexión contigo mismo,** por eso es tan importante que te prestes atención, que te escuches, que mires adentro y que procures salir del piloto automático con el que haces miles de tareas de una forma muy eficiente, pero que al mismo tiempo hace que te pierdas una gran cantidad de información muy valiosa sobre quién eres, cómo reaccionas ante la vida, qué te hace verdaderamente feliz. Date cuenta, pues, de que solo autoobservándote y conociéndote en profundidad te darás la oportunidad de llevar la vida que siempre has soñado y de ser la clase de persona que siempre has querido ser.

¿Tienes la sensación de haber vivido siempre tratando de cumplir lo que se esperaba de ti? O, por el contrario, ¿eres una de esas personas que toman sus propias decisiones basándose en valores personales y necesidades del momento? Si eres del segundo grupo, ¡enhorabuena! Eso te habrá hecho ser muy fuerte, decidido y valiente. Si eres del primer grupo, no te preocupes, nunca es tarde para «despertar» y empezar a llevar la vida acorde a tus necesidades en cuanto descubras cuáles son. Esto sin duda será la clave de tu proceso de crecimiento personal.

- **Tu tiempo será de mayor calidad** y disfrutarás más de él. Cuando te conoces bien sabes qué necesitas para sentirte a gusto en tu piel, para disfrutar de tu propia compañía y optimizar tu tiempo para sacarle el máximo provecho. Sabes qué te apetece y qué no y actúas en coherencia con ese conocimiento. Esto te hace disfrutar muchísimo más de tus actividades, planificas mucho mejor tus rutinas y en definitiva te gusta más tu vida, por eso eres infinitamente más feliz, pues comprendes la clara conexión que hay entre las gratificaciones y un mejor estado de ánimo.

- Esa conexión contigo mismo te permitirá **valorar y agradecer** la persona que eres, las relaciones que mantienes y la vida que atesoras. La **gratitud** es una fortaleza personal que está directamente relacionada con la felicidad, ya que uno no puede ser feliz si no sabe valorar lo que tiene y se centra únicamente en aquello de lo que carece. El autoconocimiento te permitirá prestar atención tanto a las cosas que tienes como a las que te faltan, de modo que aprendas a ser consciente de qué deseas y aún no tienes y así te pongas en marcha y empieces a trabajar para conseguir esos objetivos tan ansiados. Así mismo, te darás cuenta de lo que ya has logrado y por lo que te sientes tan afortunado, lo que a su vez te permitirá sentir con mayor intensidad la alegría por las metas alcanzadas. Al potenciar tu gratitud, conectarás con mayor facilidad con las cosas bonitas que tienes en tu vida, lo que te llevará a un estilo de pensamiento infinitamente más positivo.
- Podrás marcar **metas significativas** y trazar un plan de acción para lograrlas y llevar así la vida que tú deseas. No prestarte atención y no escucharte hará que lleves la vida «que se supone que debes llevar». Por ejemplo, puedes encontrarte estudiando Economía cuando tú siempre has querido ser médico, puedes estar terriblemente insatisfecho en un trabajo en el que tienes un contrato fijo y una gran seguridad económica cuando en realidad lo que quieres es emprender, puedes tener un piso en pro-

piedad cuando tú realmente siempre has querido vivir en distintos lugares del mundo... Pero cuando te conoces bien y tienes claro adónde quieres ir, cómo y con quién, entonces puedes diseñar una hoja de ruta para lograrlo. Tú eres tu propio taxi y te llevas adonde tú quieres. Ponte manos a la obra y dirígete a tu destino con determinación.

- **Tendrás una mejor autoestima** porque reconocerás tus virtudes en todo aquello que hagas y que te suceda día tras día y eso te permitirá valorarte mejor. Así, identificarás tus carencias personales, tus «defectos», lo que te permitirá trabajar en ellos y convertirte en la persona que siempre has querido ser. Si detestas lo impuntual que eres, podrás aprender a planificarte mejor y salir con más tiempo para asegurarte de que llegas escrupulosamente a tus citas. Si tu impulsividad te da más de un disgusto, podrás entrenarte para actuar de forma más reflexiva. Si te frustras exageradamente cuando las cosas no salen como a ti te gustaría, podrás trabajar en tus emociones y mejorar tus reacciones. Dado que serás tú quien marcará tus propias metas y luchará por lograrlas, alcanzarás numerosos éxitos que te empoderarán y te harán creer en ti, en tu capacidad para conseguir muchas de las cosas que te propones, lo que aumentará notablemente la valoración que haces de ti y, por ende, tu autoestima.
- **Conocerás tus emociones y tus reacciones** a las distintas cosas que te suceden, lo que te dará una valiosa información. Todas las emociones que experimentas tienen una función: darte el mensaje de

que está sucediendo algo que precisa tu atención. Experimentar dicha emoción, ya sea agradable o desagradable, te moviliza y te hace actuar en un sentido u otro. El autoconocimiento te permite estar en estrecho contacto con tus emociones y, por tanto, ser más consciente de los mensajes que estas te proporcionan, comprender lo que te gusta y lo que no, lo que te hace bien y lo que te daña, lo que necesitas y lo que te sobra. De las emociones hablaremos en profundidad más adelante.

—Ahora que hemos hablado sobre las bondades del autoconocimiento y lo importante que será en tu proceso de crecimiento personal, quiero que reflexiones sobre estas diez cuestiones. Tómate tu tiempo, no tengas prisa, porque lo que salga de este ejercicio va a ser el eje vertebrador de una gran parte del trabajo que vamos a hacer los próximos meses. Quiero que tomes este papel y escribas todo lo que te pase por la mente ante cada una de estas preguntas. Adelante —la animé a empezar.

¿Quién soy?

Soy Carla, una mujer de 29 años, estoy soltera y vivo sola. Soy licenciada en Administración de Empresas y trabajo en una multinacional. Soy independiente y me agobia la gente que depende de mí y me exige cosas. Soy amiga de mis amigas. Soy deportista y amante de la naturaleza. Soy una persona muy activa e inquieta a la que le interesa saber de todo y más. Soy inteligente y divertida. Soy buena gente, complaciente, me gusta que mi entorno se sienta a gusto, pero soy insegura en muchos aspectos de mi vida, a menudo necesito la aprobación de los demás y soy bastante impulsiva.

¿Qué quiero?

Quiero ser feliz y vivir en paz. Quiero dormir tranquila todas las noches de mi vida. Quiero vivir bien llevando una vida que me permita hacer lo que me apetezca. Quiero tener salud y que a mi familia no le falte de nada. Quiero averiguar lo que necesito para sentirme bien y deshacerme de este sentimiento tan malo que me acompaña desde hace meses y que me hace sentir un poco vacía.

¿Qué me gusta y me hace feliz?

Me gusta sentirme útil y valorada por mi entorno. Me gusta hacer actividades que me diviertan, me hace feliz tener amigos de verdad y pasar tiempo con ellos. Me gusta estar en forma y practicar deporte. Me hace feliz hacerme feliz y hacer felices a los demás.

¿Dónde estoy?

Estoy en un trabajo que no me termina de gustar porque no recibo un buen trato por parte de mi superior, hay mucha presión, trabajo muchas horas y al final solo se valoran las ventas y los números. Esto me pone triste y ansiosa. Estoy en una ciudad que me fascina y en la que me siento libre. Vivo en un piso que me encanta y del que lo único que cambiaría es que fuera en propiedad y no de alquiler. Estoy soltera y sin ataduras.

¿Adónde voy?

Todavía no lo sé.
Sí sé que quiero formar una familia y compartir mi vida con alguien de quien me sienta profundamente enamorada y que me dé seguridad.

¿Cómo es un día perfecto para mí?

Un día perfecto es aquel en el que me levanto temprano para aprovechar el día y hago alguna actividad deportiva, me arreglo y me voy a comer con mis amigas a algún sitio bonito. Al terminar damos una vuelta y acabamos tomando un *cappuccino* en una cafetería con encanto y compartiendo unas risas y vuelvo a casa al anochecer, a la hora de prepararme una buena cena para degustar delante de la tele con mi serie favorita del momento. Me voy a la cama a leer un rato y me acuesto en paz y feliz de haber estado rodeada de gente bonita haciendo cosas divertidas e interesantes.

¿Qué es lo que me da más miedo?

Lo que más temo es la muerte y la enfermedad. Temo que me falten mis padres o que les ocurra algo malo. Me da miedo perder el control de mi vida. Me da miedo que me ocurran cosas malas que no sepa cómo afrontar. Me da miedo perder mi trabajo y no poder mantenerme por mis propios medios.

¿Qué es lo que más y lo que menos me gusta de mí?

Lo que más me gusta es que soy muy trabajadora, persistente y luchadora por lo que quiero y que en el fondo sé que soy capaz de muchas cosas, pero lo que detesto es que siempre me siento ansiosa e insegura ante las situaciones nuevas y no sé cómo cambiarlo.

¿Cuáles son los valores que mejor me definen?

Trabajadora, constante, perseverante, disciplinada, organizada, extravertida, sociable, ordenada, bondadosa, alegre, divertida, agradecida, sensible, responsable, amorosa.

¿Cuál es mi propósito en la vida?

Ser feliz, sentirme segura y vivir en paz.

Es tu turno. Antes de continuar coge ahora el lápiz y reflexiona sobre estas diez preguntas:

¿Quién soy?

....

....

....

....

....

¿Qué quiero?

....

....

....

....

....

¿Qué me gusta y me hace feliz?

....

....

....

....

....

¿Dónde estoy?

¿Adónde voy?

¿Cómo es un día perfecto para mí?

¿Qué es lo que me da más miedo?

¿Qué es lo que más y lo que menos me gusta de mí?

....

....

....

....

¿Cuáles son los valores que mejor me definen?

....

....

....

....

¿Cuál es mi propósito en la vida?

....

....

....

—Perfecto, Carla, has hecho un gran trabajo. Verás que, a medida que vayas avanzando en tu proceso de crecimiento personal, irás dando más luz a cada una de estas respuestas. Por hoy lo vamos a dejar aquí, ¿de acuerdo?

—Claro. ¿Tengo que hacer algo esta semana? —preguntó Carla.

—Así es. Dado que hoy hemos empezado a trabajar el autoconocimiento, me gustaría que dedicaras diez minutos cada día a escribir sobre cómo te has sentido y las cosas buenas y malas que te han ocurrido —le propuse—. No te pongas ninguna presión. Habrá días que escribirás más y otros que menos, pero esos diez minutos como mínimo sí debes respetarlos. ¿Tienes alguna duda?

—Creo que no. Usaré una libreta que tengo sin estrenar —me dijo.

—Genial. Te veo la semana próxima —me despedí.

Escribir para conocerse

El **diario emocional** es una poderosa herramienta para mejorar tu autoconocimiento. Si eras de aquellos niños que solían escribir en su diario cerrado con llave para que nadie leyera sus más íntimos secretos, te felicito. ¡Es un hábito maravilloso! Si no lo eras, no sufras, nunca es tarde para empezar y adquirir un nuevo hábito que seguro te traerá grandes recompensas.

Escribir a diario lo que te ha ocurrido, y en especial cómo te ha hecho sentir, los aprendizajes del día, las necesidades cubiertas y las que quedaron pendientes y las fortalezas y debilidades que destacas del día te conectará de un modo profundo contigo mismo. Escribir lo que has hecho durante el día te ayudará muchísimo a comprender lo que has sentido y por qué y leerlo de nuevo de vez en cuando te dará una información muy valiosa sobre **quién eres, cómo eres, qué necesitas y qué te sobra.**

La tarea es relativamente fácil, solo necesitas organizarte para conseguir diez minutos al día para ti. Lo ideal es que te plantees de antemano qué momento del día será ideal para hacerlo. Quizás te pueda gustar el momento justo antes de dormirte, cuando ya estás en la cama. O puedes descubrir que estás tan cansado en ese momento del día que pierdes la motivación y terminas no haciéndolo. Una buena idea entonces puede ser hacerlo antes de cenar, mientras se prepara la cena en el horno, o bien después de la ducha. Busca tu momento, aquel en el que sientas que nada ni nadie te va a interrumpir esos diez minutos en los que vas a averiguar cosas tan importantes para ti y tu desarrollo. ¿Qué momento elegirás tú a partir de hoy?

El diario emocional es la herramienta estrella para sumergirte en el fascinante universo del autoconocimiento.

Te recomiendo que adquieras este fabuloso hábito y destines toda la energía necesaria para llevarlo a cabo. Los nuevos hábitos se adquieren en unas pocas semanas. Pero es fundamental que no «falles» ni un solo día o el contador deberá ponerse a cero de nuevo y volver a contabilizar esos famosos 21 días que se dice que son necesarios para que un hábito cuaje de verdad y se quede con nosotros. Solo vas a encontrar ventajas en este ejercicio, puesto que se trata de una actividad que en sí misma es terapéutica, ya que te permite vaciar tu mochila emocional día a día y dejarla más ligera. Por otro lado, te enfoca y te conecta con tu presente y con tu realidad, lo que te dará la oportunidad de poner en orden tus ideas y tomar así mejores decisiones. Además, se convertirá en tu momento más íntimo, donde podrás ser tú mismo y escribir con libertad todo lo que pase por tu mente, permitiéndote conectar con tus emociones más profundas y modificando aquellas que entorpecen tu paz interior.

—Hola, Carla. ¿Cómo ha ido tu semana? ¿Has podido hacer la tarea que te sugerí?

—Así es. No sé si lo habré hecho bien... —dijo algo insegura.

—Vamos a verlo juntas —le contesté.

Martes 2 de abril

Hoy ha sido un buen día en general. Me he levantado a las 6.30 y he hecho una clase de *total training* que me ha sentado de maravilla. Realmente adoro la sensación de bienestar y fuerza que me da hacer deporte. He ido a la oficina y curiosamente ha sido un día tranquilo donde todo ha fluido sin incidentes. No doy crédito. Me ha encantado comer con Marta, la adoro y nos hemos reído mucho hablando sobre su última cita de Tinder, que ha resultado ser un fiasco. He salido tarde, para variar, pero estoy contenta porque he podido cerrar el trato con el proveedor del que hacía semanas iba detrás. Ya tengo ganas de que llegue mañana para contarle al jefe lo bien que ha ido todo, a ver si por una vez me reconoce el buen trabajo.

Miércoles 3 de abril

No hay derecho. Mi jefe se ha quedado igual ante el notición de ayer. Su deporte preferido es desvalorarme y solo criticar lo que no sale como él espera. Yo paso ya. ¡Estoy harta! Encima parezco tonta por regalar horas a esta empresa, ¡es que ya está bien! La tarde se ha arreglado un poco porque mi madre ha venido a verme, me ha traído un *tupper* de macarrones de esos que me gustan tanto y nos hemos ido a tomar un vinito juntas. La adoro, siempre está cuando la necesito. Hemos hablado sobre las cosas que le pasaban a mi padre en el banco y me ha animado a que aguante.

Jueves 4 de abril

Hoy había ido a la ofi dispuesta a irme a mi hora, pero he sido incapaz. Cuando han llegado las seis y he visto que nadie se levantaba de la silla no he tenido valor, así que hasta que el jefe no se ha ido, no me he atrevido a moverme de mi mesa. Por eso hoy me he quedado sin clase de pilates y la verdad es que me apetecía mucho. Me siento frustrada. He terminado el día malhumorada y, aunque mis amigas me han dicho de salir a tomar algo, he dicho que no, no estoy de humor y creo que hoy no sería una buena compañía para ellas. Al final me he puesto a ordenar y he empezado a sacar la ropa de verano, porque empieza a hacer calor. Me encanta el verano. La ropa y los zapatos de esta época del año son lo más.

Viernes 5 de abril

¡Por fin es viernes! Mi día favorito de la semana y además termina de la mejor manera. Hoy el jefe me ha felicitado por lo del martes. Aunque llega tarde, al menos llega. Es una inyección de autoestima para mí. Hoy he terminado a las dos y he salido a comer fuera con Marta y el resto. He ido a hacerme la pedicura, que buena falta me hacía, y ahora me voy a ir a la ducha a ponerme guapa, que esta noche salimos con las niñas. ¡Qué ganas! Hoy la noche promete, porque estaremos todas y además iremos a la discoteca que más me gusta. Me encanta bailar y estar con ellas. ¡Mañana sigo!

Sábado 6 de abril

¡Ayer fue una gran noche! Me lo pasé superbién con las chicas y conocí a un chico guapísimo. Se llama Dani y tiene 32 años. Es dentista y, madre mía, tiene una sonrisa que te mueres. Es supersimpático y estuvo superpendiente de mí toda la noche. Me pidió mi Instagram y estuvimos hablando hasta las seis de la mañana. Hemos quedado para tomar un café esta tarde... Estoy supernerviosa. Hace mucho que no estoy con un chico y no me apetecía nada, la verdad, pero a esa sonrisa no le he podido decir que no. Voy a ducharme y a ponerme guapa. ¡¡¡Estoy atacada!!!

Ya he vuelto de la cita, estoy a punto de dormir, pero quería escribir esto para que no se me olvide nada. Ha sido una tarde de cine. Hemos estado en la nueva cafetería que han abierto en el centro y se nos ha quedado el café frío de tanto hablar. Hay una conexión muy guay. Es superinteligente y puedes hablar de cualquier cosa con él. Hace dos años que no tiene pareja. Igual que yo. Estuvo viviendo con su anterior novia tres años, pero parece que eso es agua pasada. ¡Menos mal! Yo paso de aguantar más niñatos inmaduros. Hemos estado tan a gusto que me ha propuesto ir a cenar y, por supuesto, le he dicho que sí. Hemos ido a un restaurante que no conocía, bastante caro, pero merecía la pena. Comida brutal. Me ha acompañado hasta casa y nos hemos besado. Ahora me doy cuenta de que esto me apetecía más de lo que creía, je, je, je. Yo creo que el desengaño tan grande que tuve con Álex me había quitado las ganas y me había hecho perder la fe en los hombres. Se lo tengo que preguntar a mi psicóloga en la próxima cita.

Domingo 7 de abril

Hoy me he sentido como en una nube. Hacía tiempo que no me sentía tan bien. He estado hablando todo el día con Dani y parece mentira que existan chicos así. Me ha propuesto vernos esta tarde, pero le he dicho que no podía. Voy a poner un poco el freno... Estoy muerta de miedo. Tengo pánico de dejarme llevar, enamorarme de nuevo y que me vuelvan a engañar. Álex me rompió el corazón. No se lo podré perdonar jamás. Qué pereza mañana ir a la ofi. ¡¡¡Ufff!!! Tengo reunión con los japoneses y son tan perfectos que me ponen supernerviosa.

Lunes 8 de abril

Mal, mal, mal... Hoy la reunión con los nipones ha ido fatal. Bueno, no es verdad, ha ido bien, porque las negociaciones han terminado bien, pero es que cuando tengo este tipo de reuniones me pongo supernerviosa, me hago pequeña y dudo de todo. ¡Me da una rabia!
Esto lo tengo que mejorar, porque estoy a punto de cumplir los treinta y parezco una niña de doce. Tengo que hablarlo mañana con mi psico. Estoy deseando que llegue la hora de mi sesión. Se está convirtiendo en un espacio que me encanta, ¡es mejor que ir al *spa*!
Por cierto, Dani es una monada. Me ha dicho que el viernes hay un concierto muy íntimo al que me quiere llevar en una sala de estas alternativas chiquititas. Ya lo he anotado en mi agenda. El viernes no pienso salir tarde del trabajo. ;)

Hicimos una lectura rápida de su diario emocional. La felicité porque era exactamente lo que le había pedido. Un resumen de las cosas buenas y malas que habían sucedido día tras día haciendo énfasis en sus emociones.

—¡Vaya, vaya! Veo que la semana ha sido movidita —le dije en tono divertido.

—¡Ya lo creo! Parece que están empezando a llegar cosas buenas cuando más lo necesito, porque en el trabajo estoy fatal —respondió.

—Ya veo. Me alegro muchísimo por ti. Cuéntame, ¿qué emociones identificas como predominantes en tu última semana? —la interrogué.

—Vamos a ver...: pues amor, bienestar y gratitud por el deporte, mis amigas y la relación que tengo con mi madre. Rabia, inseguridad, tristeza y frustración por el trabajo. Éxtasis por el chico al que estoy conociendo.

—Bien identificado. ¿Sientes que, al hacer este diario emocional, hoy te conoces un poco más que la semana pasada? —pregunté.

—¡Absolutamente! He prestado atención a cosas que antes me hubieran pasado inadvertidas. He reflexionado sobre la ruptura con mi expareja y soy consciente de los miedos que eso me ha dejado. Estoy muy satisfecha. Llega la noche y tengo ganas de escribir. La verdad es que no me lo esperaba —me dijo con sinceridad.

—¡Maravilloso! Detecto algunas emociones que te perturban y que debemos trabajar, pero hoy quiero que sigamos profundizando en el autoconocimiento. Ya sabes que Roma no se construyó en un día —le dije—. Así que, si me lo permites, te animo a seguir escribiendo en tu diario y muy pronto empezaremos a trabajar en tus emociones. ¿Te parece bien?

—Claro que sí. Yo me dejo llevar por ti —afirmó.

—Genial. Pues quiero proponerte un nuevo ejercicio que llamo *Mi vida sobre la mesa.*

—Muero de curiosidad —dijo entusiasmada.

Mi vida sobre la mesa

Todas las mesas suelen tener cuatro patas, ¿verdad? Pero ¿qué ocurre si a una mesa le añadimos otras cuatro patas para que tenga ocho? Pues que se hará mucho más robusta, mucho más estable y, si en un momento dado cojea de una pata, prácticamente ni lo notarás. Pues nosotros somos como esa mesa. Cuantas más patas tenemos, más estabilidad sentimos.

Pero ¿qué ocurre si las patas de mi mesa no son todas igual de fuertes o igual de altas? Pues que esa mesa va a estar desequilibrada y no va a poder sostener el peso que se le ponga encima. Por eso es muy importante analizar la «calidad» de esas patas que forman nuestra mesa, es decir, nuestra vida, para poder hacer los ajustes necesarios para que sean todas igual de fuertes y aguanten las adversidades que puedan venir.

Imagina, pues, una mesa con ocho patas. El ideal está en tener todas estas patas «completadas» al cien por cien, es decir, que sientas que cada una de estas parcelas es realmente como a ti te gustaría y que te da una plena satisfacción. Esto representa el equilibrio perfecto y, aunque no es fácil de conseguir, no es imposible. Solo hay que trabajar en ello.

A continuación, te describo las áreas que debes analizar en profundidad:

1. **Área personal y emocional:** hace referencia a los sentimientos que tienes respecto a tu personalidad, tu forma de ser, tu capacidad para tomar decisiones, tu forma de gestionar las emociones y cómo reaccionas ante la vida en general.
2. **Área familiar:** aborda los sentimientos que tienes como integrante de una unidad familiar y del rol que ocupas en este espacio.
3. **Área social:** engloba tus sentimientos acerca de las relaciones que tienes con tus amistades.
4. **Sexualidad y pareja:** se refiere a la satisfacción que experimentas con tu sexualidad, a solas o en pareja, y a los sentimientos que tienes respecto a tu relación de pareja si la tienes o deseas tenerla.
5. **Área laboral:** percepción de tu faceta como trabajador (dentro o fuera de casa).
6. **Área académica y conocimiento:** percepción que tienes de tus estudios y de los conocimientos y cultura general que has desarrollado a lo largo de tu vida.
7. **Salud y aspecto físico:** reflejo de cómo ves tus capacidades físicas, tu estado de salud y la valoración que haces de tu aspecto físico.
8. **Ocio y tiempo libre:** percepción que tienes de cómo y en qué empleas tu tiempo libre y qué actividades de ocio desarrollas.

Como podrás imaginar, una persona puede tener el área familiar muy desarrollada y estar totalmente satisfecha con sus relaciones familiares, pero sentir el área laboral totalmente vacía porque no le gusta lo que hace, no se siente valorada, le pagan mal y tarde y detesta la política de su empresa, lo que la hace sentir totalmente insatisfecha en esta parcela.

La autoestima y el bienestar que sientes en tu vida están basados en la satisfacción que experimentas en cada una de estas áreas. El equilibrio se encuentra entonces en tener todas las patas de tu mesa uniformes y fuertes.

Te animo a que valores a continuación en una escala del 0 al 100 cada una de estas patas de tu mesa, donde 100 representa la máxima realización personal y el 0, la mínima. Por ejemplo, quizás tengas «solo» dos amigos, pero te llenan al cien por cien esta parcela porque no necesitas más para sentirte plenamente feliz en este aspecto de tu vida. O, por el contrario, tienes un grupo enorme de amigos, pero no te sientes tenido en cuenta ni valorado, por lo que tu nivel de satisfacción en esta área es de solo un 20 %.

Una vez completado el ejercicio, hay que buscar las patas que flojean y fortalecerlas para así obtener el mayor equilibrio posible. Por ejemplo, si identificas que te sientes insatisfecho en tu área de salud y aspecto físico porque crees que te sobran unos kilos, o que no estás ágil ni en forma porque no realizas ejercicio físico alguno, deberás preguntarte qué te impide hacer lo que sabes que es conveniente para ti y ponerte manos a la obra lo antes posible para conseguir fortalecer esta pata de tu mesa.

—Carla, vamos a hacer este ejercicio juntas en consulta. Quiero que tomes este papel con esta imagen que representa las patas de tu mesa y que colorees lo realizada y plena que te sientes en cada una de estas parcelas del 0 al 100 %. ¡Adelante!

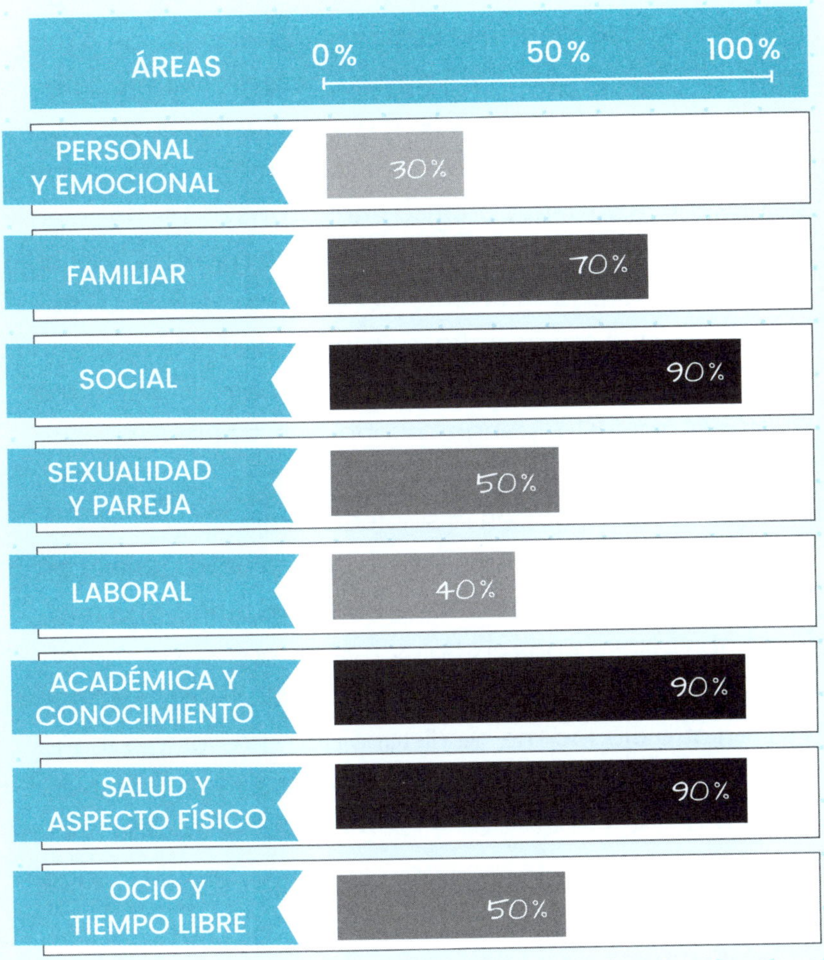

—Fíjate que de un solo vistazo puedes apreciar que tu mesa anda algo desequilibrada, ¿verdad? —comenté.

—¡Ya lo creo! Esta mesa está completamente coja —se rio—. ¿Sabes que me estoy dando cuenta de muchas cosas con este ejercicio?

—Te creo, es un ejercicio muy revelador. Cuéntame por qué has puntuado así cada una de las patas —la animé.

—Empiezo por la primera. A nivel personal y emocional he puntuado solo un 30 % porque siento muchas inseguridades que me acompañan allá donde voy. Me gustan algunas cosas de mí, de eso no hay ninguna duda, pero mis miedos y mis dudas me impiden desenvolverme como quiero. No sé defenderme de algunas cosas injustas que me pasan. Creo que tengo muy mal manejo de mis emociones, me frustro muy deprisa cuando las cosas no salen como quiero, soy muy exigente conmigo misma y con los demás, por lo que me siento decepcionada más a menudo de lo que me gustaría y, después, con el tiempo, me doy cuenta de que no era para tanto, pero ya nadie me quita ese malestar. Tengo mucho que trabajar en esta parcela, de ahí la puntuación.

—Perfecto. Sigue con la siguiente —dije.

—Mi área familiar está muy bien, me llevo genial con mis padres y con mi hermano. Además, tengo una relación maravillosa con mis tías y mis primas; sin embargo, los veo a todos muy poco, de ahí mi valoración del 70 %. Vivir en otra ciudad me ha distanciado de ellos y, aunque hablo a diario con mi madre, de mi padre y de mi hermano sé más bien poco. Con ellos me falta tener más confianza, como la que tengo con mi madre. Creo que tengo que cambiar algunas cosas para mejorar esta pata de mi mesa —siguió explicando.

—Interesante reflexión, Carla. Sigue con la siguiente, por favor.

—Con mis amigos estoy muy feliz. Me siento muy querida. Me tienen en cuenta y siento que soy alguien importante en sus vidas. Tenemos mucha confianza, nos lo contamos todo, buscan mi opinión y yo la suya, hacemos buenos planes y nos gustan las mismas cosas. Jamás me he sentido juzgada por ellos y siento que tenemos una relación muy sana. Siempre me ha resultado fácil hacer amigos y tengo la suerte de tener buenos amigos también en el trabajo. Mi valoración es un 90 %, porque los veo menos de lo que me gustaría.

—De acuerdo. ¿Y qué hay de la parcela de la sexualidad y la pareja? Veo que la has valorado en un 50 % —le dije.

—Así es, porque siento que mi sexualidad es plena: a pesar de lo que me ocurrió en la adolescencia, no tengo ningún trauma ni tabú con el sexo, me masturbo cuando me apetece y lo disfruto. Con mis parejas no he tenido nunca ningún problema en este sentido y he disfrutado mucho. Mi valoración es del 50 % porque ahora no tengo pareja y la verdad es que me gustaría, llevo un tiempo soltera y querría encontrar a alguien especial. Sin embargo, siento mucha desconfianza hacia los chicos, me da miedo que vuelvan a engañarme como lo hizo Álex. Sufrí muchísimo y creo que eso ha hecho que me cierre en esta parcela.

—Te comprendo perfectamente, tendremos que trabajar en ello, ¿te parece?

—Desde luego —afirmó con ganas.

—¿Qué me dices de tu área laboral?

—Pues la he puntuado con un 40 % porque, aunque tiene cosas muy buenas, como el sueldo, y que me gusta mucho lo que hago, ocupo un cargo con cierta responsabilidad y tengo buenos amigos en la oficina, últimamente sufro mucho en el trabajo. No me siento valorada, solo recibo críticas de un jefe desagradable y desagradecido. Me provoca mucha inseguridad y me siento muy «pequeña» cuando me dice las cosas de malos modos. Yo sé que soy buena en mi trabajo, pero me pongo muy nerviosa. A veces, la noche previa a una reunión importante, casi ni duermo de los miedos y dudas que me entran. Tengo miedo a equivocarme, a hacer el ridículo y a que piensen que no merezco el cargo que tengo en la empresa, me siento como si fuera una impostora. ¡Así no se puede vivir! Me doy cuenta de que es una parcela en la que tengo mucho trabajo por hacer.

—De acuerdo, Carla, sigue adelante, por favor —la animé.

—Vale, pues en la pata del área académica y del conocimiento me siento muy satisfecha. Escucho las noticias y estoy al día de la actualidad. Soy muy curiosa y me interesa casi todo, así que cuando hay algún tema que desconozco me informo y estoy siempre aprendiendo cosas nuevas. Eso me gusta de mí, me da confianza. De mis estudios me siento muy orgullosa. Me saqué la carrera a la primera con muy buenas notas y ahora, haciendo este ejercicio, me doy cuenta de que quizás nunca lo había valorado lo suficiente, como lo estoy haciendo ahora. No puntúo con un cien por cien de plenitud porque me gustaría estudiar algún posgrado para mejorar mi posición en el trabajo, pero no sé cuál... Por eso aún no lo he hecho. Es algo que está ahí pendiente.

—Muy bien, Carla, vamos a por la salud y el aspecto físico, en el que veo que has puesto una muy buena valoración —le dije.

—Sí, el deporte ha formado parte de mi vida desde niña. Juego al tenis desde los cuatro años y llegué a competir en ligas nacionales, quedé segunda en dos ocasiones, pero lo dejé a los dieciséis porque la presión que sentí en bachillerato me dejaba sin tiempo para entrenar y ahora juego por puro placer. Voy al gimnasio tres días a la semana por las mañanas antes de empezar a trabajar y me mantengo fuerte. Cuido mi alimentación todo lo que puedo, aunque me doy mis caprichos los fines de semana, ¡no te vayas a pensar! —sonrió—. Hago mis revisiones médicas y mis analíticas siempre salen bien. Estoy sana y en forma. Por otro lado, soy muy presumida y me gusta arreglarme. Me encanta ir de compras y los zapatos son mi perdición. Pero tengo un gran defecto que me acompaña desde niña, me muerdo las uñas y me da mucha vergüenza enseñar mis manos. Por eso mi valoración no llega al cien por cien. Además, tengo que mejorar mis rutinas de belleza, siempre se me olvida ponerme cremas y ya tengo edad para empezar a cuidar mi piel —dijo convencida.

—De acuerdo. Lo pondremos en la lista de tus objetivos de trabajo próximamente. Explícame la última pata de tu mesa. ¿Por qué la has valorado en un 50 %?

—Pues verás, tiempo libre realmente tengo muy poco. Como trabajo tanto, los fines de semana o veo a mi familia o veo a mis amigas. Tengo tantas aficiones y tan poco tiempo para disfrutar de ellas que eso me hace sentir poco realizada en esta parcela. Tengo que hacer cambios y aprender a organizar mejor mi tiempo. Creo que será clave para sentirme mejor —aseveró.

—No tengas ninguna duda de que así será. Bien, Carla, nos hemos quedado sin tiempo, pero hoy ha sido una sesión muy productiva. Te propongo que como tarea para esta semana reflexiones sobre qué puedes hacer, que dependa exclusivamente de ti, para mejorar cada una de estas parcelas. En la próxima sesión lo revisaremos juntas. ¡Feliz semana! —le deseé.

Es tu turno: te propongo que a continuación colorees las patas de tu mesa, tal y como has visto que lo ha hecho Carla.

Después, reflexiona sobre tus motivos para puntuar así las parcelas que forman tu vida. Te animo a que describas cómo es cada una de las parcelas en la actualidad, qué necesitarías cambiar para que cada una de las parcelas mejore hasta alcanzar el cien por cien de satisfacción y qué estás dispuesto a hacer para lograrlo. ¡Adelante!

ÁREAS	0 % 50 % 100 %
PERSONAL Y EMOCIONAL	
FAMILIAR	
SOCIAL	
SEXUALIDAD Y PAREJA	
LABORAL	
ACADÉMICA Y CONOCIMIENTO	
SALUD Y ASPECTO FÍSICO	
OCIO Y TIEMPO LIBRE	

Área personal y emocional

....

....

....

....

Área familiar

Área social

Área de la sexualidad y la pareja

Área laboral

Área académica y del conocimiento

....

....

....

Área de la salud y el aspecto físico

....

....

....

....

Área del ocio y el tiempo libre

....

....

....

....

¡Enhorabuena! Acabas de hacer un poderoso ejercicio de autoconocimiento. Identificar y reconocer tu universo interior y tus características vitales más destacadas te permitirá descubrir lo que piensas, lo que sientes, lo que haces y lo que necesitas para sentirte mejor en tu piel. **Cuanto más te conozcas, más libre te sentirás.**

EN RESUMEN

- **Conocerse a veces depende de algo tan simple como hacerse las preguntas correctas.** Muchas personas pasan por la vida insatisfechas y con un malestar cuyo origen son incapaces de localizar. En muchos casos, están mirando fuera, mientras desconocen por completo lo que hay dentro.
- **El autoconocimiento es una tarea que no termina nunca,** es algo dinámico y vivo que va cambiando con el paso del tiempo. ¿Acaso eres igual que hace diez años? Probablemente tu respuesta sea que no, ya que las vivencias y experiencias que has acumulado a lo largo de tu vida van modificando tus valores, tus creencias, tu manera de relacionarte, tu forma de pensar... Por tanto, se trata de un trabajo que no cesa, aunque puedo asegurarte que vivir la experiencia de ser consciente es apasionante.
- **Obsérvate.** Es el paso imprescindible para adentrarte en tu universo y descubrir cosas esenciales que te permitirán diseñar y crear la persona que siempre has querido ser, con la vida que siempre has deseado tener.

CAPÍTULO 4

Aprende a gestionar tus emociones

—Hola, Carla, ¿cómo estás? ¿Qué tal ha ido tu semana? ¿Has traído el diario emocional?

—Claro, he estado trabajando mucho en el diario. Me están pasando muchas cosas y el diario me ayuda a poner orden en mi mente —aseveró Carla.

—Genial. Te dejo unos minutos para que leas todo lo que has escrito esta semana y me digas qué hechos son más destacados y qué te apetece trabajar en esta sesión —la animé.

Unos minutos más tarde, Carla empezó su relato.

—Pues verás, esta semana he tenido muchos momentos bonitos junto a mi familia y mis amigas, momentos de paz a solas y sentimientos de satisfacción en el trabajo, pero quería contarte algo que me está pasando con Dani, ¿recuerdas? —preguntó.

—Claro que sí, el chico que conociste hace unas semanas. ¿Cómo va todo?

—Pues yo creía que muy bien, la verdad. Hemos quedado varias veces, hemos ido al teatro, a cenar, hemos dormido juntos, nos entendemos muy bien y lo pasamos realmente bien, al menos yo. El problema es que se puede pasar la semana entera sin decirme nada hasta que llega el viernes y de repente parece que se vuelve a acordar de mí —dijo molesta.

—Ya veo..., ¿y esto cómo te hace sentir? —pregunté.

—¡Pues fatal! Parece que solo me quiere para divertirse y nada más.

—Y tú parece que no quieres eso —dije.

—Pues no, no quiero que me utilicen. ¡Otra vez no! Quiero una persona que me quiera, que me cuide y que me respete. ¿Acaso pido tanto?

—¿Y qué has hecho al respecto? —pregunté.

—Pues he respetado sus tiempos y tan solo he esperado a ver qué hace él —explicó Carla.

—Mmm..., ya veo..., has respetado *sus* tiempos, pero parece que no estás cuidando de los *tuyos*.

—Totalmente, y eso todavía me da más rabia. ¡Parezco tonta! —dijo molesta consigo misma.

—Pero sabes bien que no lo eres —dije sonriente—. No eres la única en este planeta que actúa al revés de como se siente. Es el gran mal de esta sociedad, en la que una enorme cantidad de gente vive preocupada por el qué dirán, por la necesidad de ser aprobadas y por el miedo a ser abandonadas o no amadas. Estos temores hacen que una persona actúe de un modo tan incoherente: piensas que necesitas ver más a este chico, sin embargo, no se lo dices. Piensas que te está utilizando porque solo te llama los fines de semana, pero sigues quedando con él a pesar de todo fingiendo que eso no te importa. Te sientes mal por este tipo de relación que no te satisface del todo y, sin embargo, no te expresas ni le pides lo que tú necesitas. ¿Y sabes por qué actúas así? Porque tienes miedo, querida —aseveré.

—¿Miedo de qué? —preguntó.

—Eso tendrás que decírmelo tú. Busca dentro de ti. Tómate un instante para reflexionar sobre esta cuestión. ¿Por qué no le has dicho cómo te sientes? ¿Por qué no le has propuesto veros entre semana?

Carla se quedó un largo rato pensativa hasta que me miró a los ojos y me respondió:

—Es verdad. Tengo miedo. Miedo a parecer una mujer que se arrastra por un tío. Miedo a parecer una niñata inmadura y ridícula que se enfada porque no le dan lo que quiere. Miedo a que no quiera volver a verme.

—Ahí lo tienes. En la base de todo lo que dejamos de hacer en esta vida está el miedo. Es bueno sentirlo, pues se trata de una emoción que nos protege de daños y peligros potenciales, pero puede llegar a ser muy tóxico cuando nos paraliza o nos hace actuar de forma incoherente, como te está sucediendo a ti en este momento. Creo que ha llegado la hora de hablar sobre emociones y sobre cómo gestionarlas cuando te bloquean, te paralizan o te hacen demasiado daño.

—Sí, por favor —dijo.

¿Qué son las emociones?

Las **emociones** son estados afectivos complejos que experimentamos ante determinadas situaciones e implican tres componentes: una respuesta fisiológica importante, a veces muy brusca y repentina, una experiencia subjetiva (lo que conocemos por *sentimiento*) y, por último, una respuesta conductual, puesto que, según la emoción que sentimos, actuamos de un modo u otro. Las emociones nos ayudan a adaptarnos a las circunstancias, nos dan información vital para tomar decisiones y nos motivan a actuar.

Las emociones que experimentamos en las distintas situaciones que vivimos nos permiten adaptarnos de la mejor manera posible al medio. Si experimentamos miedo, nos protegeremos; si sentimos rabia, nos defenderemos, y si sentimos felicidad, repetiremos esa conducta que la está provocando una y otra vez.

Las emociones tienen una **función** muy importante: aparecen en nuestras vidas para enviarnos un mensaje muy claro que hay que saber escuchar. Está ocurriendo algo que necesita nuestra atención.

Las emociones tienen **tres funciones fundamentales:**

- **Función adaptativa:** las emociones nos adaptan a las diferentes situaciones que vivimos. Preparan nuestro organismo para la acción y son facilitadoras de conductas adaptativas y beneficiosas. Si estamos en casa y de repente olemos a humo, el miedo nos sacudirá y, gracias a él, nuestro organismo se pondrá en marcha rápidamente para buscar el origen de dicho olor y protegernos de un posible incendio en la vivienda.
- **Función motivacional:** la palabra *emoción* proviene del latín *emotio* o *emovere*, que significa **'movimiento' o 'impulso'.** Las emociones nos impulsan a actuar de forma enérgica y eficaz. Por eso, tanto las emociones agradables como las desagrada-

bles nos van a impulsar a actuar en una dirección particular. Si estamos en el cine con amigos y nos sentimos a gusto y relajados, estas emociones nos impulsarán a querer repetir de nuevo esta actividad. Si, por el contrario, la compañía de estas personas nos disgusta, evitaremos volver a quedar de nuevo.

- **Función social:** a través de las emociones conseguimos información y podemos comunicar nuestros estados afectivos a nosotros y a los demás. Esta función social facilita la interacción que establecemos con el resto del mundo y permite predecir comportamientos propios y ajenos. Si percibimos que alguien está triste, esperaremos que tenga menos ganas de relacionarse y no lo tomaremos como algo personal. Las emociones son «contagiosas», y por eso las personas más positivas y alegres resultan más atractivas.

Sin embargo, ¿todas las emociones desagradables son malas? O, por el contrario, ¿todas las emociones agradables son buenas?

¡En absoluto! TODAS las emociones están ahí por algún motivo. Como acabas de ver, **la mayoría de las emociones nos adaptan a las circunstancias y nos ayudan** porque nos proporcionan un aprendizaje significativo.

Lo que ocurre es que las emociones desagradables tienen muy mala imagen. Vivimos en una especie de utopía de la felicidad donde la máxima de las personas es alcanzar este estado emocional y cualquier emoción desagradable está mal considerada. Tanto es así que desde pequeños nos han enseñado que no debemos tener miedo, que no podemos llorar, que es de débiles enfadarse o que mostrar desacuerdo es inadecuado.

En el mundo de la psicología se da un gran consenso al considerar que existen **seis emociones primarias o básicas.** Todas ellas tienen una función que es importante que conozcas:

- **Alegría:** tiende a la afiliación, refuerza comportamientos y hace que se repitan con mayor frecuencia, ayuda a aprender cosas nuevas y a realizar actividades saludables e impulsa a la acción.
- **Sorpresa:** permite indagar en lo que ha ocurrido, pararse y focalizar la atención en lo imprevisto y reflexionar sobre ello.
- **Miedo:** nos advierte de un potencial peligro o una dificultad y nos prepara para responder a través del mecanismo de ataque/huida.
- **Tristeza:** tiende a la reintegración personal, la introspección y la reconciliación. Sirve para valorar lo verdaderamente importante.
- **Ira:** aparece para dotarnos de recursos para la autodefensa o el ataque, nos permite marcar límites y defenderlos.
- **Asco:** nos aleja de lo que nos disgusta o nos puede perjudicar.

Como puedes ver, estas emociones se pueden dividir fácilmente entre agradables y desagradables. Las **emociones agradables** nos proporcionan un sentimiento positivo, nos hacen sentir bien. Emociones como la alegría, el amor, la satisfacción, el orgullo, la tranquilidad... nos ayudan a aumentar la atención y la concentración, la memoria y la conciencia. Son movilizadoras, pues experimentar emociones agradables nos anima a tener más ganas de hacer cosas, ya que actúan como un poderoso reforzador natural y nos llevan a hacer las cosas mejor.

Por el contrario, hablaremos de **emociones desagradables** para referirnos a aquellas que generan sentimientos incómodos y malestar. Emociones como la tristeza, la rabia, la vergüenza, la inseguridad, el miedo... nos hacen percibir las situaciones como negativas, y esto permite activar recursos de afrontamiento, ya que el mensaje que nos están dando es que determinadas circunstancias son una amenaza o un desafío que hay que enfrentar.

Con esta definición podemos ver claramente que existen muchas emociones desagradables, pero tremendamente útiles y necesarias para nuestra supervivencia, como es el caso del miedo. Estas son las que conocemos como emociones sanas.

Una **emoción es sana cuando nos adapta** a la situación, cuando es útil y nos ofrece un aprendizaje significativo.

Sin embargo, a veces las **emociones nos sobrepasan, nos saturan y se vuelven incontrolables,** lo que nos genera verdaderos problemas emocionales. Hablamos entonces de **emociones tóxicas.** He hecho hincapié en que las emociones están ahí para transmitirnos un mensaje que es preciso atender; sin embargo, si se trata de emociones tóxicas, estas pueden terminar generando graves problemas emocionales. Es entonces cuando tenemos que trabajar en ellas.

Las emociones se vuelven tóxicas cuando:

- Duran en exceso.
- Dominan nuestra vida y monopolizan lo que sentimos.
- No desaparecen al aparecer una nueva emoción o a pesar de haber cambiado la situación.

¡Atención!
Todas las emociones, tanto las agradables como las desagradables, tienen su versión tóxica si son llevadas al extremo.

La clave está en tomar conciencia de ellas y saber valorar cuándo una emoción nos está advirtiendo de algo importante, y por tanto nos resultará útil, o cuándo, por el contrario, nos está «intoxicando».

Lo vemos con las emociones agradables principales:

Amor vs. encaprichamiento

El amor es la emoción que mueve el mundo. Es el sentimiento que nos impulsa a hacer el bien, de lo que se deduce que se trata de una emoción profundamente sana y útil. Pero si llevamos este sentimiento tan bonito y que genera tanto bienestar en quien lo experimenta al extremo, se convierte en enamoramiento, en delirio, en pasión, y estas, aunque son emociones muy agradables, son consideradas emociones tóxicas, pues nublan el juicio y la objetividad. Cuando uno está enamorado no piensa con claridad, no puede comer ni dormir con normalidad, está alterado la mayor parte del tiempo y, aunque es algo muy bonito, la suerte es que dura unos pocos meses, pues de lo contrario la persona terminaría por sufrir las consecuencias físicas y emocionales del enamoramiento.

En este caso, emociones sanas son **el amor, el respeto, el afecto, el apego, la ternura, el cariño, el deseo,** etc.

Emociones tóxicas son **la adoración desmedida, el encaprichamiento, la chifladura, la obsesión, la pasión descontrolada,** etc.

Felicidad vs. euforia

La felicidad es, sin duda, el otro motor que mueve al mundo. Es la aspiración máxima de cualquier persona y moviliza a realizar conductas que proporcionen un estado de satisfacción y de bienestar. La felicidad llevada al extremo se conoce como euforia y, aunque es una sensación muy agradable, no es nada saludable, puesto que mueve a la persona a actuar impulsivamente bajo el éxtasis de su estado de ánimo sin medir las consecuencias de sus actos, que podrían ser muy negativas tanto para ella misma como para los demás.

Emociones sanas son **la felicidad, la dicha, la alegría, la satisfacción, el ánimo, el disfrute, la diversión, el entusiasmo, la plenitud, la vivacidad, el gozo,** etc.

Emociones tóxicas son **la euforia, el éxtasis** y **un estado maníaco.**

Seguridad vs. soberbia

La seguridad personal, sentirse capaz y confiado, es algo muy deseable. Da la tranquilidad de creer en uno mismo y sentir que se es capaz de alcanzar metas relevantes, por lo que se trata de una emoción tremendamente movilizadora y energizante que impulsa a la acción y a la consecución de objetivos significativos. Sin embargo, este sentimiento de capacidad llevado al extremo se vuelve tóxico, pues la persona se siente con tal nivel de confianza en sí misma que no admite duda ni posibilidad de error en sus actuaciones, lo que la vuelve soberbia y prepotente y le impide reflexionar sobre sus decisiones y acciones.

Emociones sanas son **la confianza, la seguridad, el empoderamiento, la suficiencia, la tranquilidad, la certidumbre, la determinación,** etc.

Emociones tóxicas son **la soberbia, el orgullo extremo, la altivez, la impertinencia, la vanidad, la arrogancia,** etc.

Tranquilidad vs. indiferencia

La tranquilidad, la calma y la serenidad son emociones muy deseables que proporcionan bienestar y además llevan a actuar de forma sosegada en momentos de dificultad, lo cual, a su vez, permitirá afrontar con mayor éxito dichas dificultades. Sin embargo, si llevamos la calma al extremo, se convierte en indiferencia, en una especie de anestesia emocional que nos convierte en rocas de hielo. Obviamente la persona que siente indiferencia ni siente ni padece, lo que *a priori* puede parecer positivo, pero en realidad resulta contraproducente, porque esa indiferencia no permite establecer lazos afectivos significativos.

Emociones sanas son **la tranquilidad, la entereza, la calma, la paciencia, la paz, la serenidad, el sosiego, la placidez,** etc.

Emociones tóxicas son **la indiferencia, el pasotismo, la apatía, el desinterés, la insensibilidad, la anestesia emocional, la desgana,** etc.

Ahora es el turno de las emociones desagradables. Las vemos en detalle:

Enfado vs. rabia

El enfado aparece cuando interpretamos una dificultad o frustración como un agravio hacia nuestra persona. Sentir enfado nos impulsa a buscar la manera de cambiar la situación y reparar el agravio sufrido. Esa reacción emocional tan molesta nos mueve a la defensa de los derechos legítimos, lo que resulta muy deseable. Sin embargo, cuando la ira y la rabia se desbordan, nuestro juicio puede nublarse y, si el incendio no se sofoca a tiempo, esa rabia puede llevar a comportamientos descontrolados de los que después fácilmente uno se va a arrepentir, como actuar con violencia y agresividad. En lugar de defendernos, lo que hacemos es atacar, que suele llevar a la destrucción de relaciones y a un malestar emocional muy acusado.

Emociones sanas son **el enfado, el disgusto, el malestar, la molestia, el enojo, el fastidio, el desagrado, el hastío...**

Emociones tóxicas son **la ira, la cólera, el odio, la indignación, la irritación, la furia** y **el coraje.**

Tristeza vs. depresión

La tristeza aparece cuando sufrimos una pérdida, por lo que en determinadas ocasiones va a ser una emoción inevitable. Si hemos vivido una pérdida (un despido, una ruptura de pareja, la muerte de un ser querido...), la tristeza nos sumergirá en un refugio para la reflexión que nos permitirá asimilar la pérdida, sacar de ella un aprendizaje y realizar los ajustes necesarios para el cambio que esta nueva realidad va a suponer.

La depresión, por el contrario, no proporciona ningún retiro o descanso, sino que paraliza a la persona que la sufre. Todos los pensamientos se enfocan a las cosas negativas que ocurren, obviando la parte positiva (que, salvo si se trata de grandes tragedias, siempre existe). Provoca sentimientos de apatía y de falta de energía que llevan a la persona a aislarse más, lo que impide que se involucre en actividades placenteras y gratificantes que podrían mejorar su estado de ánimo. La sume en una espiral de negatividad.

Emociones sanas son **la tristeza, la pena, la lástima, el disgusto, el dolor, la pesadumbre** y **el pesar.**

Emociones tóxicas son **la depresión, el desconsuelo, la aflicción, la amargura, la melancolía, el quebranto, la tribulación** y **la nostalgia.**

Miedo vs. pánico

El miedo o la preocupación permiten que seamos capaces de reconocer una dificultad cuando aparece, reflexionar sobre los problemas, anticipar posibles peligros y buscar soluciones, lo que resulta del todo adaptativo para el individuo. El miedo y la preocupación nos preparan para la acción y permiten que pongamos en marcha todos los recursos disponibles para enfrentarnos a los desafíos.

Sin embargo, cuando el miedo se apodera de nuestra mente y nuestro cuerpo, provocando fuertes reacciones físicas en forma de ataques de ansiedad o de somatizaciones diversas, la cosa cambia. En lugar de movilizar recursos personales, lo que encontramos es una invalidación y un bloqueo total para hacer frente incluso a situaciones que no deberían despertar tales reacciones, como hablar en público, montar en metro o alejarse de casa. Entonces es cuando el miedo, en lugar de proteger, se ha vuelto tóxico y dañino.

Emociones sanas son **el miedo, el temor, el nerviosismo, la ansiedad, la alarma, el susto, el sobresalto, la desconfianza, la sorpresa, el asombro** y **la aprensión.**

Emociones tóxicas son **la angustia, el pánico, el terror, el pavor, el espanto, el horror, la turbación** y **el desasosiego.**

Arrepentimiento vs. culpa

Cuando interpretamos que hemos obrado mal o cuando transgredimos normas que pueden afectar a los demás, lo normal es que aparezca el arrepentimiento, un sentimiento que genera un malestar y un conflicto interno de los que desearemos librarnos para volver a sentirnos bien. Es gracias a este remordimiento que nos damos cuenta de que hay un comportamiento propio o acción que no nos gusta; es lo que nos motiva a cambiar y reparar el daño causado.

Sin embargo, si esta emoción se vuelve demasiado intensa y duradera, se convierte en culpa, una de las experiencias emocionales más dolorosas. Ante los sentimientos de culpa tendemos a la autoflagelación, al castigo y a sentir que no somos dignos, lo que nos causa un dolor paralizante que puede desembocar en una depresión o en intensa angustia.

Emociones sanas son **el arrepentimiento, el remordimiento, la pesadumbre, la pena, la responsabilidad.**

Emociones tóxicas son **la culpa, la contrición, la penitencia, el abatimiento, la compunción** y **la condena.**

¿De dónde surgen las emociones?

Epicteto lo resumió de forma célebre en esta frase:

«Lo que inquieta al hombre no son las cosas, sino las opiniones acerca de las cosas.»

No son las cosas que nos ocurren las que nos perturban, sino que nos perturbamos nosotros mismos con lo que pensamos acerca de las cosas que nos ocurren. Más del 90 % de lo que pasa por nuestra mente a lo largo del día pasa completamente inadvertido, se encuentra en un plano inconsciente al que a veces es muy difícil acceder, pero aun así tiene un gran efecto en nuestro estado emocional.

Prácticamente en todos los momentos de nuestra vida consciente mantenemos una conversación con nosotros mismos. Es como llevar una radio encendida todo el tiempo en nuestra cabeza. A veces suenan melodías bonitas que nos alegran y nos divierten, otras veces ponen canciones de lo más tristes o dan noticias que nos ponen furiosos. Pero esta radio no se apaga en ningún momento y, según lo que escuchamos, así nos sentimos. Esta conversación interna silenciosa recibe el nombre de **autodiscurso.**

Si nuestro autodiscurso es negativo, las emociones que experimentamos van a ser desagradables, mientras que, si el autodiscurso es positivo, las emociones que vamos a «fabricar» van a ser de lo más agradables.

Este autodiscurso se manifiesta a través de **pensamientos automáticos.** Los llamamos así porque aparecen sin más en cuestión de milésimas de segundo. No pensamos en qué debemos pensar: pensamos de forma automática ante los distintos acontecimientos internos y externos que vivimos. Si los pensamientos automáticos son negativos, entonces las emociones resultantes también lo son y a la inversa.

La clave de la gestión emocional no radica en sustituir pensamientos negativos con pensamientos positivos. Eso sería demasiado simplista, a la par que utópico. La verdadera clave de la transformación de las emociones tóxicas en emociones sanas radica en modificar los pensamientos negativos distorsionados e irracionales por otros más lógicos y verificables.

Las **características del pensamiento irracional** son las siguientes:

- Es subjetivo.
- No es verificable.
- No se ajusta a la realidad.
- No se apoya en datos objetivables.
- Es sobregeneralizador y suele ir acompañado de palabras como *todo, nada, todos, nadie, nunca, siempre,* etc.
- Es exagerado y suele ir acompañado de palabras como *horrible, terrible, insoportable,* etc.
- Está planteado en términos de necesidad o de obligación hacia uno mismo, hacia los demás o hacia la vida y va acompañado de palabras o expresiones como *debería* o *tendría que.*

Por el contrario, los **pensamientos racionales** se caracterizan porque:

- Son evidentes.
- Se pueden verificar y comprobar.
- Se ajustan a la realidad de forma realista.
- No son absolutistas ni generalistas.
- Están planteados en términos de deseos y preferencias (no de exigencias) y suelen ir acompañados de palabras como *preferiría, desearía, me gustaría,* etc.

- Producen emociones moderadas, de baja intensidad y poca duración y que están en consonancia con el acontecimiento que las ha activado.

Nos pasamos la vida interpretando cada suceso y cada experiencia que vivimos, poniendo etiquetas y valorando como bueno o malo lo que ocurre. La mayor parte del tiempo no somos conscientes de nuestros pensamientos, pero lo cierto es que son tan poderosos que pueden crear las emociones más intensas, para bien y para mal.

El problema radica, pues, en las interpretaciones incorrectas negativas que hacemos en determinadas situaciones. No es difícil equivocarse, pues casi nunca disponemos de toda la información como para hacernos una idea ajustada a la realidad más objetiva.

Te propongo un ejercicio:

Lee las siguientes afirmaciones y al final de cada una de ellas cierra los ojos y trata de observar qué pasa por tu mente durante al menos veinte segundos. No avances en la lectura o romperás toda la magia. ¿Preparado?

- María iba camino al colegio a paso ligero [cierra tus ojos durante al menos veinte segundos y observa lo que pasa por tu mente].
- Estaba un poco preocupada por el examen de Matemáticas [vuelve a cerrar los ojos y observa tus pensamientos].
- Era el último examen de primaria antes de empezar las vacaciones [una vez más, ¿qué pasa por tu mente?].
- Había pasado tantos años junto a aquellos niños que los iba a echar mucho de menos [por último, cierra los ojos y concéntrate en lo que estás pensando tras leer estas afirmaciones].

¿QUIÉN ES MARÍA?

María no es una niña que tiene un examen. Tampoco es la profesora de sexto de primaria. No, tampoco es una mamá de una alumna del colegio, ¡qué va! María es la limpiadora del colegio. Te has quedado helado, ¿verdad? Apuesto a que has llegado a visualizar a María, e incluso es probable que a medida que leías cada afirmación la imagen de esa persona cambiara..., pues eso es lo que hace nuestra mente TODO EL TIEMPO. **Rellenamos los espacios en los que nos falta información objetiva con ideas y pensamientos subjetivos basados en nuestras experiencias personales.** Cuando esos pensamientos son positivos, es fabuloso, pues las emociones que sentimos son una maravilla. El problema radica en las interpretaciones negativas que hacemos sin tener suficiente información sobre un hecho en particular.

Los pensamientos negativos son los responsables de las emociones desagradables. Pero vamos a otro matiz más importante aún: los pensamientos negativos irracionales son los responsables de las emociones desagradables tóxicas como la rabia, la angustia o la culpa. Mientras que los pensamientos negativos racionales son los responsables de las emociones desagradables sanas como la pena, el temor o el arrepentimiento.

Podemos **decidir pensar de un modo más racional** para transformar las emociones tóxicas en emociones sanas: por ejemplo, transformar la depresión en tristeza, el pánico en temor o cambiar la rabia por disgusto.

A veces ocurren cosas en la vida que no nos gustan y que no podemos interpretar de forma positiva por más que nos esforcemos. Lo que sí podemos hacer es **interpretar las situaciones que valoramos como negativas de forma racional** para poder así generar emociones sanas que nos aporten un aprendizaje y nos ayuden a salir adelante. Lo mismo ocurre con las emociones agradables: también es importante interpretarlas de manera racional, para que no se conviertan en su versión tóxica.

«Los pensamientos no son hechos, son solo hipótesis que debes poner a prueba.»

Veamos este **ESQUEMA RESUMEN** con un ejemplo:

El mundo que es vs. el mundo que percibimos

—Carla, me gustaría contarte una historia que leí hace muchísimos años, cuando empezaba a ejercer como psicóloga, y que me dio una herramienta para contar a mis pacientes de una forma fácil y clara el papel que tienen las interpretaciones en nuestras emociones y, en consecuencia, en nuestros comportamientos. Es una de esas historias que se hacen virales en redes sociales y en este caso apareció por casualidad en mis manos cuando usaba Facebook.

—Cuéntamela —me dijo animada.

—La historia dice así...

Una chica estaba esperando su vuelo en una sala de espera de un gran aeropuerto. Como debía esperar un buen rato, decidió comprar un libro y también un paquete de galletitas.

Se sentó en una sala del aeropuerto para poder descansar y leer en paz. Asiento de por medio, se ubicó un hombre que abrió una revista y empezó a leer.

Entre ellos quedaron las galletitas. Cuando ella cogió la primera, el hombre cogió otra. Ella se sintió indignada, pero no dijo nada.

Lo primero que pensó fue: «¡Qué descarado! ¡Si tuviera valor, le diría de todo para que nunca más se olvidara de esta grosería!».

Cada vez que ella cogía una galletita, el hombre cogía otra. Aquello la indignaba tanto que no conseguía concentrarse ni reaccionar.

Cuando quedaba apenas una galletita, pensó: «A ver qué va a hacer ahora este descarado». Entonces, el hombre dividió la última galletita y dejó una mitad para ella.

¡Ah! ¡No...! ¡Aquello le pareció demasiado! ¡Se puso a bufar de la rabia! Cerró su libro, cogió sus cosas y se dirigió al sector de embarque.

Cuando se sentó en el interior del avión, miró dentro del bolso y, para su sorpresa, allí estaba su paquete de galletitas, intacto, cerradito... ¡Sintió tanta vergüenza!

Solo entonces se dio cuenta de lo equivocada que estaba. ¡Había olvidado que sus galletitas estaban guardadas dentro de su bolso!

El hombre había compartido las suyas sin sentirse indignado, nervioso, consternado o alterado, y ya no había posibilidad de explicar o pedir disculpas, aunque sí para razonar.

¿Cuántas veces en nuestra vida sacamos conclusiones cuando debiéramos observar mejor? ¿Cuántas cosas no son exactamente como pensamos acerca de las personas?

¿Cuántas veces nos equivocamos en nuestras interpretaciones y sufrimos innecesariamente? Yo te lo diré. ¡Constantemente! Y el precio que pagamos por estas interpretaciones negativas, a menudo irracionales, es altísimo, pues un día de sufrimiento es un día que se irá para no volver jamás.

—¡Guau! Yo sería perfectamente la chica de las galletas. Me haría mi película en la cabeza y, lo peor de todo, no sería capaz de decirle al hombre lo que pienso. Visto así, qué fácil sería evitar los malentendidos si habláramos más —afirmó.

—Efectivamente, por eso es muy importante que a partir de ahora tomes tus interpretaciones como hipótesis que debes poner a prueba. La mejor forma de comprobar una hipótesis es yendo a la fuente. En el caso de la historia de las galletitas, la fuente era el hombre. Todo se hubiera aclarado si la chica le hubiera preguntado que por qué cogía sus galletas. Inmediatamente se habría percatado de que las galletas no eran suyas, ¿verdad?

—Totalmente. Y además no se habría enfadado ni avergonzado, porque un error puede tenerlo cualquiera —dijo Carla.

—Exacto. Así pues, ¿a partir de ahora pondrás a prueba tus pensamientos y te expresarás en libertad? —pregunté.

—Eso voy a intentar —afirmó con seguridad.

Es inútil luchar contra pensamientos que aparecen una y otra vez; todo el tiempo estamos interpretando la información que llega desde dentro y fuera de nuestra mente. Lo de dejar la mente por completo en blanco es un imposible, lo tengo comprobado. No puedes dejar de pensar, pero sí **identificar y controlar qué piensas.**

Por eso debemos estar constantemente vigilando el discurso de nuestro pensamiento, para así identificar las distorsiones. Debemos intentar refutarlo y cambiarlo, enfocándolo de forma más realista y objetiva.

Cuando cuestionamos nuestra manera de pensar, actuamos como un científico. Es decir, tratamos nuestras ideas y creencias como si fueran hipótesis en lugar de hechos, y las confrontamos con la realidad para encontrar explicaciones y conductas alternativas que sean más útiles para resolver nuestros problemas emocionales.

La correcta evaluación de los pensamientos deformados exige un entrenamiento constante, durante el que es esencial observar nuestros pensamientos en una variedad de situaciones de estrés y de dificultad. El hábito de combatir las distorsiones necesita desde unas semanas a varios meses para llegar a ser automático.

El ejercicio estrella para modificar pensamientos y, con ellos, las emociones resultantes es la **técnica de las cuatro columnas,** una técnica de reestructuración cognitiva que proviene de la terapia cognitiva de Aaron Beck y de la terapia racional emotiva conductual de Albert Ellis, de quien hablaremos más adelante. La idea clave consiste en reestructurar cognitivamente los pensamientos deformados que aparecen por tu mente. Para ello, vamos a seguir un proceso muy similar al que ya abordamos en el capítulo anterior con el diario emocional, profundizando en los eventos que han dado lugar a alguna emoción y estructurándolo de acuerdo a las siguientes pautas:

1. **Identifica la situación:** describe en detalle el acontecimiento o situación que ha dado origen a la emoción (discusión con alguien, estar solo y aburrido en casa, un comentario del jefe, algo que esperas y no se cumple...).
2. **Cómo la has interpretado:** identifica los pensamientos automáticos negativos que han aparecido. Describe tus pensamientos.
3. **Identifica la emoción:** pregúntate qué emoción estás sintiendo.
4. **Combate o reestructura los pensamientos negativos:** tras identificar tus pensamientos problemáticos, analiza si has tenido en cuenta otros detalles/aspectos de la situación, si es totalmente cierto lo que piensas, si puede haber otra explicación, si estás adelantando acontecimientos, si estás generalizando, etc., de modo que puedas decidir si esos pensamientos son acertados o, por el contrario, están distorsionados. Es lo que llamamos una **prueba de realidad.** Una vez hayas hecho esto, esfuérzate en dar una interpretación alternativa sustituyendo el pensamiento negativo por otro más positivo o neutral (más ajustado a la realidad).

Como punto de partida es importante aceptar que no por el hecho de pensar algo tiene que ser realmente cierto.

Es importante que aprendas a identificar los pensamientos negativos tan pronto estén apareciendo por tu mente y después los sometas a este escrutinio. A continuación, te propongo **diez preguntas claves** que puedes hacerte para **cuestionar con éxito tus pensamientos negativos** (es decir, las preguntas que deberás hacerte a la hora de responder a la cuarta columna) y que te ayudarán a cambiar tu punto de vista por una interpretación más realista y ajustada a la situación.

1. ¿Qué evidencias hay a favor de este pensamiento? ¿Y en contra?
2. ¿Estoy interpretando correctamente la situación?
3. ¿Hay otras explicaciones alternativas a esto que ha ocurrido? ¿Hay otra manera de verlo?
4. ¿Estoy usando palabras extremas o exageradas: *siempre, nunca, todos, debería, tendría que?*
5. Aunque lo que pienso sea verdad, ¿es eso tan malo?
6. ¿Por qué me perturba tanto este pensamiento? ¿Por qué me altera tanto? ¿No estaré dándole más importancia de la que en realidad tiene?
7. ¿Qué ocurriría si las cosas fuesen realmente así, si pasara lo peor que creo que puede ocurrir?

8. Si las cosas son así, ¿qué puedo hacer para cambiarlas? ¿Qué es lo que depende de mí?
9. Si este pensamiento lo tuviera otra persona, ¿qué le diría para ayudarla a afrontar la situación de un modo más racional y saludable?
10. ¿Pensar esto me es ventajoso?

Cuestionar tus pensamientos negativos a través de estas preguntas te servirá para darte cuenta de que quizás estés pensando de forma equivocada. Una vez comprendido esto, te darás la oportunidad de generar nuevas alternativas de pensamiento más saludables, más racionales y más positivas que, sin duda, te harán sentir infinitamente mejor.

A continuación, te dejo una tabla para que pongas en práctica la técnica que acabas de aprender. Te animo a que pienses en alguna situación reciente que te haya generado una perturbación emocional intensa. Quizá, gracias a esta técnica, descubras que tu emoción provenía de una interpretación distorsionada de los hechos y, así, te puedas librar de ese sufrimiento innecesario:

TÉCNICA DE LAS CUATRO COLUMNAS

SITUACIÓN	INTERPRETACIÓN	EMOCIÓN (INTENSIDAD 0–10)	INTERPRETACIÓN ALTERNATIVA

—Carla, llevamos un buen rato hablando sobre emociones y quiero demostrarte que no son las cosas que te ocurren las que explican cómo te sientes, sino que en realidad eres tú la responsable de tus estados emocionales —expliqué.

—Entonces, ¿que Dani me utilice no debería hacerme sentir furiosa? —preguntó un poco contrariada.

—Eso es una interpretación que tú estás haciendo sobre este hecho. Y de eso va precisamente todo esto que te he explicado. Nuestras interpretaciones son las responsables de nuestras emociones. Si tú crees que Dani te está utilizando y eso para ti es algo indeseable, entonces obviamente te vas a sentir furiosa. Pero ¿hay alguna otra explicación alternativa a los silencios de Dani durante la semana? —la cuestioné.

—No lo había pensado de este modo. Supongo que sí hay muchas otras explicaciones... Déjame pensar... Quizás va muy liado con el trabajo durante la semana. De hecho, esto lo sé porque siempre se queja del estrés que tiene, y por eso me escribe cuando llega el fin de semana —reflexionó.

—Vale, y pensar de este modo... ¿cómo te hace sentir? —le pregunté.

—Hombre, pues un poco más tranquila. Ahora me siento hasta avergonzada por ser tan desconfiada. Sin embargo, algo dentro de mí me sigue diciendo que Dani no quiere nada serio conmigo.

—Pero ya no crees que te utiliza... —la cuestioné.

—No, eso ya no lo pienso, pero sí creo que no me prioriza y eso me lleva a pensar que no quiere nada serio. Eso me hace sentir triste y algo decepcionada —sentenció.

—Vale, fíjate como en menos de cinco segundos has transformado la rabia por tristeza y una ligera decepción. ¿Ves como no es lo que ocurre, sino cómo interpretamos lo que ocurre, lo que nos hace sentir determinadas emociones?

—¡Totalmente! —dijo—. Pero, y ahora, ¿qué? ¡No me siento mejor! —dijo con cara de frustración.

—Bienvenida al mundo real, querida. Hay muchas cosas en esta vida que no nos gustan y no nos queda más remedio que aceptar. Sin embargo, quiero que te des cuenta de que no es lo mismo sentir rabia, que es una emoción altamente tóxica, que sentir tristeza, que es una emoción que, aunque es desagradable, es saludable y te da grandes enseñanzas. ¿Lo ves? De todos modos, te lanzo otra reflexión... Sigues convencida de que Dani no quiere nada serio, lo cual te frustra porque tú sí lo quieres. Pero ¿cómo estás tan segura de eso? ¿Acaso eres adivina? ¿Acaso estás en la mente de Dani? ¿Cuántas veces hacemos interpretaciones totalmente equivocadas sobre lo que pensamos? —le planteé.

—Tienes razón, no lo sé al cien por cien. Quizás debería hablar con él y preguntarle qué espera de nuestra relación y, si no queremos lo mismo, entonces tendré que tomar una decisión, porque a mí estar así no me hace feliz —aseguró.

—Fantástica reflexión. Te animo, pues, a que tengas esa conversación la próxima vez que lo veas y luches por lo que quieres. Nos vemos la semana próxima.

EN RESUMEN

- Las emociones son estados afectivos complejos que experimentamos ante determinadas situaciones e implican una respuesta fisiológica, una experiencia subjetiva y una respuesta conductual, puesto que, según la emoción que sentimos, actuamos de un modo u otro.
- Las emociones nos ayudan a adaptarnos a las circunstancias, nos dan información vital para tomar decisiones y nos motivan a actuar.
- Pueden ser tanto agradables como desagradables y, en cualquier caso, todas cumplen una función. Sin embargo, cuando las emociones nos sobrepasan, nos saturan y se vuelven incontrolables, hablamos de emociones tóxicas.
- Nuestro autodiscurso es el verdadero responsable: no son las cosas que ocurren las que nos perturban, nos perturbamos nosotros mismos con lo que pensamos acerca de las cosas que nos ocurren.
- Podemos decidir pensar de un modo más racional para transformar las emociones tóxicas en emociones sanas.

Los pensamientos no son hechos, son solo hipótesis que debes poner a prueba.

CAPÍTULO 5

Ajusta tus expectativas y vivirás en paz

—¡Dios! ¡Estoy fatal! —dijo en cuanto entró por la puerta.

—¿Qué ha pasado? —pregunté.

—¡Estoy harta de los tíos! ¡Es que no hay derecho! Lo das todo, te comprometes, eres buena y ¡nada! ¡Siempre igual!

—Carla, detecto un montón de exigencias en tus palabras... —le dije cariñosamente—. ¿Me cuentas qué ha ocurrido?

—Pues resulta que el sábado había quedado con Dani para salir a cenar y después lo que surgiera y, una hora antes de salir de casa, me dice que le duele la cabeza y que mejor lo dejamos para otro día. Te juro que me esforcé en generar pensamientos positivos, porque lo primero que me pasó por la mente fue que era una excusa y que en realidad no le apetecía quedar conmigo. Sin embargo, me senté, cogí mi diario emocional y escribí todo lo que me estaba pasando por la mente en ese momento. Fui capaz, con enorme esfuerzo, de generar otros pensamientos alternativos más positivos para mí y me convencí de que quizás era verdad, que no estaba usando una excusa para no verme, ya que no era la primera vez que se quejaba de dolor de cabeza cuando estaba estresado y con presión en el trabajo. Como estoy en modo autocuidado y con mentalidad de no amargarme la vida por nada ni por nadie, llamé a mis amigas y me uní a su plan, que no pintaba nada mal. Fuimos a cenar y a tomar algo a un local nuevo que acaban de abrir en el puerto y, no te lo vas a creer, pero ¿sabes a quién me encontré? ¡A Dani con sus amigos tomando una copa! Pero qué fuerte fue aquello. Su cara, un poema. La mía, todavía más. No fui capaz de dar la vuelta a mis emociones, que inicialmente eran de una furia tremenda para dejar paso a una tristeza de lo más intensa. Me fui a casa y me pasé todo el domingo con un bajón impresionante. No salí en todo el día y estuve comiéndome la cabeza con lo que he podido hacer mal con este chico. ¡Es que no lo entiendo! El mismo sábado de madrugada me envió un mensaje diciendo que le habían llamado sus amigos y que, como ya no le dolía la cabeza, había decidido salir con ellos. Le respondí el domingo por la tarde, después de reflexionar mucho mi mensaje, y le dije que sentía que yo no he sido su prioridad en ningún momento, lo cual él reconoció y eso todavía me dolió más, porque ya no sentía rabia, lo que sentía era dolor y una gran tristeza —dijo Carla visiblemente afectada—. Dani me reconoció que, en cuanto le salió otro plan que le pareció más atractivo, no se lo pensó dos veces y tampoco pensó en mí. Me pareció muy valiente por su parte esa dosis de sinceridad, pero a mí se me partió el alma, la verdad.

—Vaya, cuánto lo siento. Es muy doloroso cuando lo que esperamos finalmente no se cumple. ¿Qué vas a hacer a partir de ahora? —pregunté.

—Yo creo que está claro. Yo soy solo un entretenimiento para él y yo no quiero eso. Me apetece conocer a alguien que tenga ganas de comprometerse mínimamente, al que no le dé miedo iniciar una relación. Yo busco una relación. Él, no. No es para mí. Ya se lo dije, así que no creo que volvamos a llamarnos.

—Te felicito por la coherencia que muestras entre lo que quieres y lo que haces. Sin embargo, a veces es duro cuando las cosas no salen como nos gustaría, ¿verdad?

—Ya lo creo. Que me lo digan a mí, que últimamente hay un montón de cosas que se me tuercen.

El papel de las exigencias en la gestión emocional

Albert Ellis, el padre de la terapia racional emotiva conductual (TREC), sufría ansiedad social, especialmente cuando tenía que hablar en público o cuando quería conocer mujeres. Cuando tenía que enfrentarse a estas dificultades, leía sin descanso a filósofos que hablaban sobre la felicidad humana. Se dio cuenta de que todos ellos coincidían siempre en la idea que ya hemos visto en el capítulo anterior de que es uno mismo el que siempre, y totalmente en vano, crea su propio sufrimiento emocional cuando piensa en términos irracionales y disfuncionales. Lo mismo sucede a la inversa: somos capaces de pensar de modo racional para crear así un estado de plenitud emocional y de conductas saludables para uno mismo y para los demás. Se preguntó entonces cuál era la clave, el fundamento detrás de esos pensamientos irracionales que no podían venir de la nada. Así, en 1955 diseñó un enfoque actitudinal para disminuir la perturbación emocional basado en demostrar que, detrás de toda creencia ilógica, disfuncional y razonada de forma totalmente antiempírica, se esconden imposiciones absolutistas acerca de uno mismo, de los demás y de la vida en general. Estas imposiciones o exigencias deben ser halladas y posteriormente modificadas con el objetivo de eliminar las interpretaciones erróneas que hacemos acerca de lo que nos sucede y evitar así el sufrimiento emocional gratuito que nos causamos nosotros mismos con nuestras interpretaciones.

Ellis identificó **tres afirmaciones absolutistas o necesidades perturbadoras** generadoras de todo tipo de perturbación emocional (ansiedad, depresión, baja tolerancia a la frustración, etc.) en forma de *debería, tendría que* o *necesito* y son las siguientes:

Autoexigencia

«*Debo, absolutamente,* tener éxito en la mayoría de mis actuaciones y relaciones; de no ser así, ¡como persona soy alguien del todo inadecuado e inútil!» Esta primera exigencia dirigida a uno mismo genera **grave ansiedad, depresión, desesperación y sentimientos de culpa e inutilidad.** Estas emociones darán como resultado a su vez conductas de evitación, de abandono, de renuncia, miedo y adicciones de todo tipo como mecanismo de evasión.

Esta exigencia está muy relacionada con la **necesidad de tener el control.** Al exigirnos de manera irreal o absolutista a nosotros mismos, automáticamente estamos generando sentimientos de ansiedad, depresión o culpa, ya que nos hemos puesto una expectativa concreta que nos hemos marcado como obligación, que no admite error, lo que acabará estresándonos y bloqueándonos.

Esa preocupación por cumplir esas autoexigencias generará gran estrés y, lo que es peor, un gran sufrimiento cuando la realidad se aleje de la expectativa. Cuando no consigamos cumplir lo que nos hemos exigido, nos sentiremos fracasados, tontos e incapaces, lo que en lugar de ayudarnos a resolver las dificultades nos bloqueará todavía más.

Palabras clave para identificar esta exigencia: ***debería..., no tendría que..., necesito...***

Heteroexigencia

«El resto de la gente *debe, absolutamente,* tratarme con consideración, justicia, respeto y amabilidad; de lo contrario, no son tan buenos como dicen, ¡y no merecen alcanzar la felicidad mientras vivan!» Esta exigencia dirigida hacia los demás da como resultado sentimientos de **rabia, ira y resentimiento,** emociones que, a su vez, provocan conductas como la lucha, la enemistad y cualquier forma de violencia.

Esta exigencia aparece especialmente en aquellas personas que consideran que, si uno trata a los demás con amabilidad y de forma justa, ellos también deben, obligatoriamente, tratarlo correcta y justamente. Si no lo hacen, son horribles. Esta exigencia es la responsable de la mayor parte de los conflictos interpersonales y de relaciones que no son satisfactorias.

Cuando no aceptamos que los demás tienen derecho, aunque no nos guste, a actuar libremente de la manera que les parezca mejor, y exigimos que sean como nosotros necesitamos que sean, que se comporten como nosotros esperamos..., entonces aparecen esos sentimientos de **decepción, rabia y resentimiento,** lo que llevará definitivamente a empeorar las relaciones con los demás.

Palabras clave para identificar esta exigencia: ***deberían..., mi jefe no tendría que..., mis hijos deberían..., la persona que me gusta debería..., necesito que mis amigos...***

Exigencia a la vida/mundo

«Las condiciones bajo las que vivo *deben ser absolutamente* confortables, placenteras y valiosas; ¡de lo contrario será algo horrible, no lo soportaré y todo este maldito mundo será asqueroso!» Esta última exigencia dirigida a la vida en general dará lugar a sentimientos de **autocompasión, ira y baja tolerancia a la frustración.** Estas emociones desembocarán en acciones de abandono, queja continuada y también adicciones.

Bajo el influjo de esta exigencia, la persona espera que las condiciones bajo las que vive sean siempre de su conveniencia, deben darle lo que necesita cuando lo necesita. Esta exigencia es la responsable de lo que Ellis llama *ansiedad ante la incomodidad*.

Las exigencias a la vida generan gran estrés e insatisfacción. Cuando exigimos al mundo, pensamos del siguiente modo: «¡Esto no debería estar pasando!», «¿Por qué a mí?», «¡No es justo que me ocurran estas cosas!». Cuando exigimos que el mundo y la vida vayan como nosotros queremos, cuando las cosas no salen como nos gustaría, entonces sufrimos **baja tolerancia a la frustración,** esa tendencia a exagerar lo malo de una situación y a catalogarla de terrible. Hablaremos de ella en profundidad en el siguiente capítulo.

Palabras clave para identificar esta exigencia: ***la vida debería..., esto no debería ocurrirme a mí..., las cosas deberían ser...***

Vivir e interpretar la realidad bajo la luz de estas exigencias hace que la persona se comporte de acuerdo con unas reglas inflexibles que deberían regir la vida de todo el mundo a su alrededor. Las reglas bajo las que vive son correctas e indiscutibles. Bajo el prisma de las exigencias, cualquier desviación hacia valores o normas particulares es mala. Como resultado, a menudo la persona adopta la posición de juez y encuentra faltas y errores en todas las cosas que ocurren a su alrededor.

Pero seamos realistas: esperar, siempre vamos a esperar cosas. La clave está en **convertir las expectativas rígidas y absolutistas en preferencias flexibles y sanas.**

«Una mente feliz y sana es una mente de preferencias, no de exigencias»,
Rafael Santandreu.

Desear que determinadas cosas ocurran está bien; de hecho, es algo muy sano, pues nos permite llevar a cabo las acciones oportunas para lograr la vida que queremos tener en función de nuestros anhelos más profundos. Pero exigir es demoledor cuando las cosas no salen según lo previsto. Es fundamental, por lo tanto, aprender a identificar las exigencias ocultas tras la experiencia de perturbación emocional cuando esta ocurra.

VEAMOS UN EJEMPLO:

- «Mis hijos *deben* comportarse correctamente conmigo.»
- «*Me gustaría* que mis hijos se comportaran correctamente conmigo.»

Exigir que mis hijos se comporten correctamente según lo que en mi mente es comportarse correctamente hará que, ante la más mínima desviación de esta norma rígida, sufra un gran desajuste emocional y termine gritándoles «solamente» por haber desordenado el salón. Seguramente habrás pensado que no es motivo suficiente para gritar a los hijos, ¿verdad? Pero ¿has gritado alguna vez por algo incluso menos trascendente que esto? Pues bienvenido al terrible mundo de las expectativas no cumplidas. Cuando esperas o necesitas que algo sea exactamente de un modo concreto, no obtenerlo supone un grave problema que se manifestará en forma de alteración emocional.

Para evitar esa alteración, debes aprender a sustituir tus expectativas por deseos flexibles. En el ejemplo anterior, puedes apreciar que no se sentirá del mismo modo (en caso de que los hijos «no se comporten perfectamente») la persona que exige (primer ejemplo) que la persona que prefiere (segundo ejemplo).

Puedes aprender a **dejar de exigir.** No es conformismo: es inteligencia emocional. Para ello debes **aprender a PREFERIR.**

No es lo mismo exigir que preferir, desear o querer. Acepta la realidad que estás viviendo y deja de exigirte a ti mismo, a los demás y al mundo. No te quejes y lucha por lograr que las cosas se parezcan al máximo a como tú deseas, pero nunca desde la exigencia rígida.

Nunca tendrás el control de todas las cosas, acéptalo y céntrate únicamente en aquello que depende de ti. **Aceptando esta premisa, te liberarás de gran parte de tu perturbación emocional.**

Tus palabras cuentan mucho más de lo que imaginas. Las palabras con las que te expresas representan tu forma de pensar y si dices *debo* es porque piensas en términos exigentes. Cuando dices *me gustaría*, entonces piensas en términos de preferencia. Cambia tus pensamientos y tus palabras y cambiarás tus experiencias.

—Carla, aparte de lo que te ha pasado con Dani, ¿puedes contarme alguna otra situación reciente en la que te hayas sentido perturbada emocionalmente? —le pedí.

—Pues esta misma mañana he experimentado varias emociones bastante intensas, así que supongo que están en la categoría de emociones tóxicas —dijo ella.

—Seguramente. Cuéntame qué ha ocurrido para contextualizar, porque a continuación te voy a pedir que identifiques tus pensamientos negativos irracionales y la exigencia que hay detrás de ellos —la animé.

—Vale. Esta mañana he tenido una reunión con un proveedor nuevo que es muy importante para mi empresa. Es un proveedor muy potente que nos puede hacer ganar mucho dinero. Mi jefe lleva toda la semana metiéndome mucha presión y recordándome a todas horas lo importante que era preparar bien la reunión y, claro, como te podrás imaginar, llevo unos días con una ansiedad tremenda, me ha costado mucho dormir por las noches y cuando me despertaba lo único que me venía a la mente era la maldita reunión. Esta mañana, aparte de ansiosa, me he sentido muy insegura y con muchas dudas de mí misma. ¡Vaya, lo que me ocurre siempre! —explicó Carla.

—Ya veo. Me has contado la situación, lo que ha ocurrido, de forma más o menos objetiva. Pero ahora viene la parte difícil. ¿Qué crees que has pensado para sentirte así? —le pregunté.

—Pues he pensado que lo iba a hacer mal, que haría el ridículo, que mi jefe me iba a machacar, que no tengo suficiente experiencia para trabajar con proveedores tan importantes, que los demás notarían lo nerviosa que estaba y eso sería horriblemente vergonzoso.

—Bien identificado. Obviamente pensar así te ha hecho sentir ansiedad e inseguridad, ¿cierto?

—Ahora lo tengo claro. Soy yo, con este discurso interior tan maltratador, quien se está provocando estas emociones, porque ¿sabes qué ha ocurrido? —me preguntó.

—Me lo puedo imaginar —dije con un guiño.

—Exacto, que nada de lo que estaba segura que iba a ocurrir ha sucedido finalmente. La reunión ha ido genial. No me extraña, porque me la preparé muy bien, y mi jefe parecía satisfecho, pero, como es habitual en él, no me felicitó ni me hizo comentario positivo alguno —dijo entre molesta y triste.

—Bien identificado de nuevo —le sonreí—. ¿Y eres capaz de ver qué exigencia absolutista había debajo de tus pensamientos negativos?

—Supongo que es la autoexigencia «Yo debo hacer todo perfectamente» y la exigencia a los demás «Mi jefe debería valorarme» —sentenció Carla.

—¡Bravo! —la felicité—. Date cuenta de que son estas dos exigencias las que te llevan a vivir esta experiencia con tales niveles de ansiedad, inseguridad y disgusto. Después de todo lo que te he contado acerca de las exigencias y el papel clave que desempeña su transformación en preferencias, ¿te ves capaz de reformular las exigencias de estos últimos días? —le pregunté.

—Creo que sí. Déjame pensar...: «Deseo hacer bien mi trabajo y por ello me esforzaré al máximo, pero entiendo que no tengo el control de todo y asumo que, aun esforzándome, me puedo equivocar y eso no sería el fin del mundo, solo sería algo incómodo».

—¡Chapó! Nada que añadir, Carla.

—Estoy muy sorprendida, porque creo que si me planteo las cosas en términos de preferencias, mis vivencias van a cambiar radicalmente a partir de ahora —dijo ilusionada.

—No tengas la menor duda —afirmé—. Te animo a llevar un diario de tus emociones y de tus pensamientos negativos y que trates de identificar la exigencia que hay debajo para que a continuación la transformes en un deseo flexible. Espero que este registro te sea de gran utilidad.

DIARIO DE EXIGENCIAS		
DÍA....		
PENSAMIENTO NEGATIVO	EXIGENCIA ABSOLUTISTA	CAMBIO A PREFERENCIA

Reproduce el esquema en un folio y apunta lo que identifiques en los siguientes días.

Ajustar las expectativas

—Tienes toda la razón, y estoy segura de que el registro me ayudará en lo que se refiere al trabajo... Pero no me quito de la cabeza la idea de que no hay derecho a lo que me ha hecho Dani y que tengo muy mala suerte con los hombres. Tengo la sensación de que, aunque trabaje mucho en mi diario de exigencias, no voy a lograr cambiar mi expectativa, porque lo que yo pedía no era para tanto. ¿Qué hago mal? —preguntó francamente frustrada.

—No te preocupes, lo que dices es normal, y dejar de exigir no es un hábito que se adquiera de la noche a la mañana. Mira, quiero contarte algo que me ocurrió la semana pasada. En un aparcamiento de un restaurante, al salir del coche, no me di cuenta de que había un agujero enorme en el suelo. Caí haciendo un gran estruendo y me costó Dios y ayuda levantarme. Tenía la rodilla y las manos doloridas del impacto y al girarme me di cuenta de que había un hombre joven en la terraza del restaurante, que lo había visto todo, pero no había hecho nada. Me dolió mil veces más la inacción de aquel hombre que la rodilla y las manos ensangrentadas. No podía comprender que aquel hombre no se hubiera inmutado y me sentí tan decepcionada y triste que estuve dándole vueltas a aquello varios días, hasta que pude ajustar mis expectativas al darme cuenta de que habían sido estas, y no la inacción de aquel hombre, lo que me había causado tal dolor. Me percaté de que no puedo conocer todas las circunstancias de la vida de aquel individuo y el porqué de su comportamiento. Sus motivos tendría para no auxiliarme. Que yo no los conozca o no los comprenda no significa que no sean válidos, al menos para él. Me recordé una vez más que los demás no tienen por qué actuar como lo haría yo y, al reducir mi expectativa de cómo yo considero que ***debería*** haberse comportado y transformarlo en la idea de cómo me gustaría que se hubiera comportado, logré disminuir notablemente mi nivel de frustración hasta hacer desaparecer la decepción. Cuando no esperas nada, entonces no puedes decepcionarte. Voy a contarte cómo puedes gestionar tus expectativas para que las ajustes de forma realista, tal como hice yo en esta ocasión —le dije.

—Me encantará saber cómo hacerlo. Buena falta me hace —dijo Carla con ojos tristes.

Vivir con demasiadas expectativas nos convierte en esclavos de nuestra mente exigente y eso, como ya hemos visto, resta paz y salud mental. Por mucho que desees algo y por mucho que te esfuerces por lograrlo, jamás tendrás la total certeza de que eso vaya a ocurrir obligatoriamente. Esto es así porque hay tantísimos factores en juego que es imposible tener el control de todos ellos. Puedes tener inmejorables atributos físicos e intelectuales, puedes esforzarte al máximo por conquistar a alguien, ser la persona más detallista y buena del planeta y, aun así, no tendrás garantías de gustar a la persona que quieres como a ti te gustaría. Porque no tienes el control de todos los factores. **Y esperar demasiado acerca de lo que no depende de ti es una pérdida enorme de energía.**

«Las expectativas no deberían ser tomadas como realidad, porque nunca sabes cuándo serás desilusionado», Samuel Phillips Huntington.

Generamos expectativas constantemente y sobre cientos de cosas todos los días (esperamos llegar a casa y que esté limpia y ordenada, que nuestros compañeros de trabajo nos traten justamente, que el coche funcione perfectamente y nos lleve al trabajo sin tropiezos, que nuestra instructora del gimnasio acuda puntual a la sesión de zumba...). El cerebro detesta la incertidumbre, por eso nos pasamos la vida anticipando las cosas como creemos que deberían o no deberían ser, con la finalidad de predecir y afrontar situaciones potencialmente dañinas y complejas, actuando como un poderoso mecanismo de autoprotección.

Cuando nuestras expectativas se cumplen, no hay desajuste y no se genera ningún tipo de problema emocional; sin embargo, cuando no se corresponden con lo que sucede a nuestro alrededor, es decir, con la realidad, entonces aparecen creencias negativas que van a provocar emociones muy intensas y perturbadoras.

Esto lo podemos representar con una fórmula matemática, como en el siguiente ejemplo:

EXPECTATIVA 80 - REALIDAD 80
= DESAJUSTE EMOCIONAL 0

Lo que esperas es lo que obtienes. Según mi fórmula matemática, cuando **no** hay diferencia entre expectativa y realidad, no puede existir desajuste emocional alguno.

EXPECTATIVA 100 - REALIDAD 30
= DESAJUSTE EMOCIONAL 70

Cuando esperas mucho y recibes poco, tu desajuste emocional es grande. Como ves en la fórmula, cuanto mayor es la diferencia, mayor es el desajuste. Cuando no se cumple lo que deseamos, las emociones que aparecerán invariablemente serán la decepción y la frustración. Si esa expectativa no cumplida tiene que ver con uno mismo, aparecerán sentimientos de culpa y de tristeza; si tiene que ver con otras personas, aparecerán sentimientos de rabia y rencor, y si tienen que ver con la vida en general, la emoción resultante será la baja tolerancia a la frustración.

A mayor diferencia entre expectativa y realidad, mayor será el desajuste emocional.

Cuanto menos esperemos, pues, mejor nos encontraremos, porque, ocurra lo que ocurra, ese resultado imaginario tenderá a arrojar un número más alejado del desajuste emocional y, por tanto, mayor bienestar.

Sin embargo, como ya hemos visto, solemos esperar tanto de nosotros mismos, de los demás y de la vida que al final somos incapaces de aceptar las cosas tal cuales son. Y luchamos. Y nos frustramos. Y nos decepcionamos. Una y otra vez.

Cuando esperas que las cosas salgan exactamente como tú quieres, que las personas te traten como tú necesitas y que tus comportamientos y tus decisiones siempre sean los correctos, entonces eres víctima de tus expectativas y pierdes el control de tu vida.

Lo que tenga que pasar va a pasar igualmente, te guste o no. Suelta tus expectativas y abraza lo que esté por venir. Cuando pones el foco en lo que tienes y en lo que va bien, entonces agrandas esa experiencia, pero si, por el contrario, te enfocas en lo que no has logrado, en lo que no va según tus deseos, entonces lo que agrandas es el malestar y atraes más de eso. En un lienzo virgen una gota de pintura blanca apenas cubrirá la tela. Sin embargo, la misma proporción de pintura negra será mucho más visible. El negro es capaz de cubrir la experiencia más blanca y pura. Lo mismo ocurre con cualquier cosa en la vida. Puedes haber tenido una conversación de lo más agradable con una amiga y, si en un momento determinado tu amiga tiene una palabra desafortunada, es posible que ese hecho termine tiñendo toda la experiencia de negro.

Por eso es tan importante aprender a poner el foco en las cosas buenas, en lo que sí está bien, porque nuestro cerebro tiene un radar que detecta antes lo negativo que lo positivo.

En Google la palabra ***no*** tiene 25.270.000.000 de resultados, mientras que la palabra ***sí*** tiene 4.860.000.000. Pues algo parecido ocurre en nuestro cerebro. Tenemos alrededor de 70.000 pensamientos cada día y, de estos, en muchos casos el 80 % son negativos. Ahí es nada. Nuestro cerebro tiende a prestar más atención a lo negativo que a lo positivo, porque su función es la de proteger la especie y, por ello, su prioridad es detectar peligros para defenderse de ellos, no la de hacernos seres más felices. Como dice Pablo Malo, psiquiatra y divulgador científico, «una persona que ignora una oportunidad puede lamentarlo, pero nada terrible le va a ocurrir; en cambio, si ignora un peligro, puede ser el final». Así que nuestra responsabilidad individual es la de entrenar nuestro cerebro para enfocarlo en las cosas que están bien y no solo en las que no lo están.

Vivir sin expectativas es imposible. Te diré más: es realmente deseable tener expectativas acerca de las cosas. Estas actúan como un faro que nos guía en la vida, especialmente en momentos de oscuridad. Si espero encontrar una pareja con quien formar una familia, entonces tomaré decisiones encaminadas a lograr ese objetivo y perseveraré en mi empeño hasta que lo logre. Si espero tener la cena hecha cuando llegue del trabajo, entonces cocinaré por la mañana mientras saboreo el desayuno. Si espero trabajar como médico, entonces estudiaré al máximo para obtener una buena calificación y poder acceder a la universidad.

La clave está en aprender a diferenciar las expectativas realistas de las que no lo son. ¿Es realista esperar que mi pareja venga a recogerme al trabajo si no le he pedido que lo haga? Por supuesto que no lo es. Esperar algo que no depende de ti puede llevarte a experimentar una gran desazón. No puedes controlar ni los deseos ni los intereses de los demás. No puedes controlar las actitudes y los comportamientos ajenos. No puedes controlar las circunstancias de la vida. Pero sí puedes controlar cómo te afectan estas experiencias. Puedes controlar lo que expresas acerca de lo que te disgusta. Puedes controlar tus decisiones y la actitud con la que te enfrentas a las dificultades. Puedes controlar tantas cosas..., por eso **debes aprender a poner el foco precisamente ahí. En lo que depende de ti.**

Estrategias para ajustar las expectativas y eliminar las decepciones

Responsabilízate de tus decepciones y cambia la forma en la que te hablas

Desde pequeños vamos construyendo nuestra visión del mundo, de las personas y de nosotros mismos. Esta visión se forma a través de las creencias de las personas con las que nos rodeamos, que nosotros adoptamos y trasladamos a nuestra forma de ver la realidad. Son en cierto modo heredadas. Y, a través de nuestras propias experiencias, las damos como verdaderas o como falsas y las incorporamos a nuestro propio sistema de creencias. A través de ellas nos aferramos a la idea de cómo *deberían* o *no deberían* ser las cosas, a menudo de una forma rígida, lo que nos impide *ver* otras opciones igualmente válidas a la nuestra. No tenemos la verdad absoluta, por mucho que nos lo pueda parecer.

Tus **creencias nucleares,** esas que forman parte de ti prácticamente desde el principio de tu existencia, son tu verdad, constituyen la realidad a través de la cual lo percibes absolutamente todo. Estas creencias se manifiestan por medio de tus pensamientos y estos dirigen tus conductas y tus emociones casi sin que te des cuenta. Lo que dices es el reflejo de lo que piensas, así que debes cuidar mucho ese diálogo interior, así como el exterior.

No hay mejor forma de responsabilizarte de tus emociones que comprendiendo que eres tú quien las genera. Si no esperas, no te defraudas. Y no esperar, en realidad, depende de ti. Si te sientes decepcionado por lo que esperas de otra persona, es tu responsabilidad comprender que son tus expectativas y tus creencias acerca del comportamiento de esa persona las que te hacen decepcionarte cuando la realidad es distinta a lo que esperabas. Las personas tienen el derecho a no comportarse como te gustaría. Tienen el derecho a no estar a «tu altura». Tienen el derecho a no devolverte favores, aunque tú los hayas hecho antes. Tienen el derecho a no tenerte en cuenta, aunque tú sí lo hagas. Incluso tienen el derecho a hacerte daño con sus comportamientos, porque priorizan su bienestar al tuyo. Esto es así. Cuanto antes lo aceptes, antes dejarás de sufrir.

Recuerda las exigencias de Ellis y el ejercicio que hemos puesto en práctica en el apartado anterior. Cada vez que identifiques en tu diálogo interior un «Esto debería ser...» o «Ellos no deberían...» o cualquier otra fórmula parecida, te animo a que lo cambies por «Desearía que esto fuera así, pero quizás no lo sea y tampoco pasa nada tan grave ni tan terrible».

Al comprender cómo funcionan tus creencias y el daño que te causan las expectativas cuando son demasiado elevadas, podrás restar importancia y, con ella, el impacto emocional. Te darás la oportunidad de desarrollar un sistema de creencias más amplio, más tolerante y más flexible.

Es deseable que te hables bonito y te aceptes con tus aciertos y tus errores, con tus virtudes y con tus defectos. Acéptate ser como necesites ser. Del mismo modo, es altamente deseable que pienses bonito acerca de los demás, permitiendo que sean como quieran y como necesiten ser. Tolerar la diferencia te permitirá ajustar mucho mejor tus expectativas.

Reconoce tus expectativas

Ya lo sabes: para cambiar algo, primero hay que ser consciente de ello. Y después hay que desear mucho hacerlo. Es muy importante que identifiques los pensamientos que subyacen a tus reacciones cuando empiezas a sentir frustración si las cosas no son exactamente como a ti te gustaría. Para ello, te propongo que pienses en una ocasión pasada en que hayas sentido decepción o rabia y respondas a las siguientes preguntas:

DESCRIBE LA SITUACIÓN QUE VIVISTE

¿Qué pasó por mi mente en aquel momento?

¿Qué esperaba de la situación?

¿Cómo reaccioné? ¿Qué hice?

¿Cómo afronté esa situación?

¿Qué tipo de exigencia está en la base de tu decepción? ¿Tu forma de afrontar esta situación fue adaptativa? ¿Puedes tratar de *ver* esta situación de otro modo?

Pon el foco en el momento presente

Poner el foco en el lugar y en el momento incorrectos puede hacer que tus expectativas no sean lo ajustadas que deberían. Cuando tu mente se enfoca en el pasado, entonces tus expectativas no cumplidas generan tristeza o culpa según a quién atribuyas la responsabilidad. Por el contrario, cuando te enfocas en el futuro, en lo que crees que debería ser pero aún no ha sido, entonces invariablemente tu expectativa activa ansiedad y preocupación. Como ves, no hay mejor momento que ahora ni mejor lugar que aquí. La próxima vez que sientas tristeza, culpa o ansiedad a causa de una expectativa no cumplida, recuerda esto y pon el foco en el presente. Para ello, permíteme que te recuerde dos estrategias que ya hemos abordado en el capítulo 2:

- **Respiración consciente:** controlar tu respiración puede ser de gran ayuda para conectar tu cuerpo con tu mente. Hacer la respiración de forma consciente y prestar atención plena a algo que hacemos de forma automática todo el tiempo te ayudará a detener tus pensamientos automáticos. La clave está en darte cuenta cuando tu mente empieza a divagar para, amablemente y sin presiones, volver a prestar atención a tu respiración.

- **Actividad consciente:** hacer consciente cualquier actividad rutinaria que normalmente haces en piloto automático puede ayudarte a poner el foco en el aquí y el ahora. ¿Recuerdas el ejercicio de la pasa? Pues repite la experiencia con cualquier otra actividad cotidiana y conviértelo en hábito. Descalzarte y prestar atención consciente a tu caminar poniendo todos los sentidos en ello, lavarte los dientes de forma consciente o saborear el café con leche de la mañana pueden ser actividades ideales para desconectar el piloto automático y poner el foco en el presente.

No esperes tanto de los demás y espera más de ti

Un error clásico que a menudo hace que tengamos expectativas sobrevaloradas sobre los demás, y sobre el mundo en general, es perder de vista que debemos centrarnos en aquello que depende de nosotros mismos y aceptar que no podemos tener el control de todo lo que ocurre a nuestro alrededor. Para ello puede serte de gran ayuda dibujar tu propio círculo de la influencia.

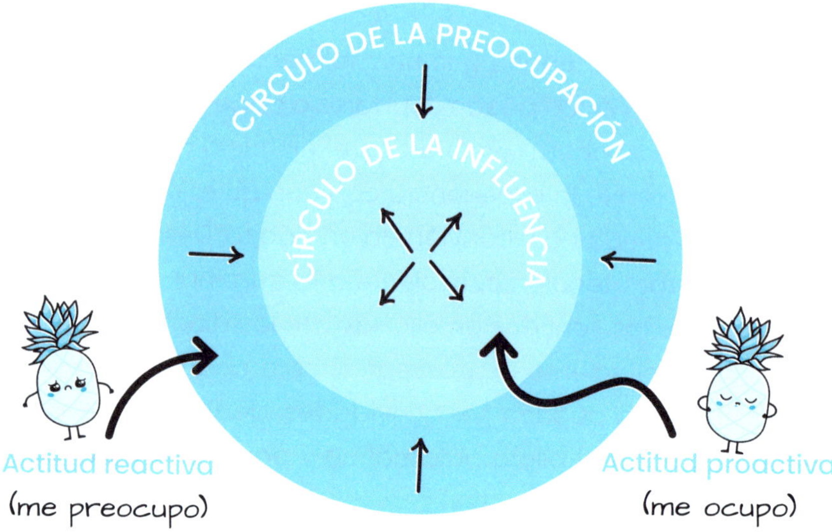

Cuando sientas la decepción propia de una expectativa no cumplida, dibuja un círculo dentro de otro mayor (en forma de dónut). En el círculo externo (el cuerpo del dónut) enumera todas las expectativas no cumplidas en una situación concreta que te han generado malestar. Detalla tus expectativas de la forma más concreta posible.

En el círculo de la preocupación están todas esas cosas que te preocupan y que no dependen de ti. Esa energía reduce tu círculo de la influencia y te hace preocuparte de cuestiones que escapan a tu control.

A continuación, hazte la pregunta más poderosa que puedes hacer por ti:

¿Qué puedo hacer yo?
¿Qué depende exclusivamente de mí?

Cuando tengas las respuestas, escríbelas en el agujero del dónut y de ese modo estarás configurando tu círculo de la influencia, que, aunque es más pequeño, es mucho más poderoso y útil, porque poniendo la atención en tu círculo de la influencia te ocupas, adoptas una actitud proactiva y te enfocas en lo que está en tus manos. Esto te llenará de una energía muy positiva que amplía tu círculo y tu margen de maniobra ante las expectativas no cumplidas será mucho mayor, lo que te dotará de mayor sentimiento de control.

Deja de ser víctima y pasa a ser protagonista.

Deja de ser víctima de las circunstancias y pasa a ser protagonista de tu vida. Cada vez que detectes los efectos de una expectativa no cumplida, ocúpate, pon el foco en lo que depende de ti, es decir, identifica y usa tu círculo de la influencia. Es superpoderoso.

«Hasta en situaciones extremas tenemos margen de maniobra para decidir, aunque solo sea la actitud con la que queremos vivir lo que nos haya tocado»,
Viktor Frankl.

—Carla, quiero que elabores tu círculo de la influencia acerca de esta situación que has vivido recientemente con Dani —la animé—. Verás que te permitirá poner el foco en lo que puedes hacer en lugar de ponerlo en lo que «te ha hecho». Porque es importante que tengas presente que, como bien apunta Victor Küppers, las personas hacen cosas, no te hacen cosas. Toma este papel en blanco y dibuja un círculo dentro de otro. Anota todo lo que tú esperabas de Dani la noche del sábado en el círculo grande. Pregúntate qué puedes hacer y escríbelo en el círculo interior. Adelante.

—Allá voy —dijo con determinación.

—Cuando pones la energía en lo que te gustaría, pero que no depende de ti, ¿cómo te sientes? —le pregunté.

—Muy triste y decepcionada. Esperaba otra cosa de Dani. Pensaba que esta vez sí podría salir bien.

—Vale, siéntete decepcionada. Tienes todo el derecho. Esa es tu emoción y está bien así. Pero no te recrees más de la cuenta en ella, te quita demasiada energía. Vamos a encontrar la manera de seguir adelante con esta situación de la forma más ventajosa posible para ti. Cuando pones el foco en tu círculo de la influencia, ¿cómo te sientes? —pregunté.

—Pues nada que ver. Siento que tengo un mayor control de la situación, porque hay cosas que sí dependen de mí y eso me hace sentir más poderosa.

—Misión cumplida. Ese es justamente el objetivo que persigue esta potente herramienta —le dije satisfecha.

Genera emociones positivas

A menudo percibimos lo que ocurre a nuestro alrededor de modo negativo o positivo según nuestro estado de ánimo. Las personas que se consideran más felices y que tienen una vida más plena tienden a presentar una actitud más positiva en general, lo que les permite percibir las cosas que ocurren a su alrededor de forma más bonita y optimista. Podemos potenciar la aparición de emociones positivas más a menudo y así sentirnos más felices de forma global. Para generar emociones positivas (y sentirte más feliz con ellas) existen determinadas actividades, conductas y actitudes que te harán **vivir una vida más feliz y plena:**

- **Viaja tanto como puedas.** Cualquier escapada cerca o lejos te aportará experiencias que te enriquecerán y que recordarás siempre. Salir de tu hábitat abrirá tu mente y te dará nuevos conocimientos y experiencias que no puedes perderte.
- **Practica la gratitud.** Valorar lo que tienes y todo lo que sucede a tu alrededor te permite poner el foco en lo más bonito, maximizando así la experiencia. Por otro lado, dar las gracias a las personas que quieres por las cosas increíbles que aportan a tu vida te hará sentir muy feliz, porque harás sentir bien a quienes más te importan. ¿Has escrito alguna vez una carta de amor a la persona de quien estás enamorado? Si es así, sabrás lo que se siente al escribirla y al entregarla. Te animo a que hagas lo mismo con las personas a quienes amas, a tu madre, tu hermana, tus amigos... Todo el amor que des volverá a ti multiplicado.
- **Pasa tiempo con las personas que quieres.** Aprovecha todas las oportunidades que tengas para pasar tiempo con las personas que te aportan cosas buenas y que son capaces de cargar tus baterías.
- **Escucha música que te despierte emociones bonitas.** La música es capaz de transportarte, de hacerte revivir emociones agradables. Puede ser una buena idea preparar una *playlist* y escucharla a menudo. Mejorarás tu estado de ánimo de forma instantánea.

- **Haz deporte.** Son de sobra conocidos los efectos del deporte en nuestro cerebro, en la segregación de numerosos neurotransmisores implicados en el placer, la relajación y la felicidad. Los más famosos son las endorfinas, antídoto natural contra el cortisol, la hormona del estrés, y capaces de proporcionar sensación de placer y relajación por igual. Pero el deporte también nos hace segregar dopamina, el neurotransmisor del placer, así como serotonina, el neurotransmisor de la felicidad y de la regulación del estado de ánimo.
- **Haz actividades divertidas y gratificantes tanto como puedas.** Leer un buen libro, ver tu serie favorita, preparar una cena especial, ir al cine, pasear por la playa, juegos de mesa en familia... pueden ser una buenísima opción. Te puede resultar de gran ayuda elaborar una lista con tus actividades de autocuidado favoritas y animarte a realizar alguna de estas actividades con una frecuencia elevada.

No esperes más y expresa lo que necesitas

La comunicación, como en casi todo en esta vida, es la clave. Si esperas algo de alguien y no llega, plantéate si la otra persona es consciente de lo que tú necesitas. No puedes exigir, pero sí puedes pedir. Una vez que estés seguro de que esa persona sabe lo que quieres, deberás aceptar lo que te sea dado con gratitud. Y si no es suficiente para ti, entonces tienes derecho a retirarte.

Las relaciones, para que sean sanas y satisfactorias, deben ser equilibradas. Cuando sientes que das, pero no recibes en proporción, tienes que analizar si esa relación te resulta satisfactoria o no. Así de sencillo. Porque quedarte donde no te sientes importante, donde sientes que no se te valora y donde no se cumplen tus mínimos, te condena a sentir decepción tras decepción. Quédate si te compensa. Márchate si no lo hace. Y si no puedes marcharte, entonces pon la distancia emocional necesaria para que los comportamientos ajenos (o la falta de ellos) no te dañen.

Para hacer tus peticiones a los demás, debes hacerlo de forma asertiva:

- No hagas tus peticiones cuando te sientas frustrado y dolido por el comportamiento que esperabas del otro. Inicia la conversación en un momento y un lugar tranquilos, donde puedas expresarte serenamente.
- Cuando vayas a hacer una crítica, usa la **técnica del sándwich.** Primero haz un comentario positivo sobre el comportamiento de esta persona. A continuación, expresa lo que no te gusta de su comportamiento y haz una petición de cambio y termina la conversación con otro comentario positivo. Ejemplo: «Me encanta pasar tiempo contigo, sin embargo, me gustaría que llegaras más puntual a nuestras citas porque esto me incomoda. Pero me encanta tener esta confianza para decirte lo que siento, porque sé que me vas a escuchar y me vas a entender».

- Habla siempre del comportamiento, no uses nunca etiquetas globales para referirte a la persona. Ejemplo: «En las ocasiones en las que has llegado tarde, me he sentido poco tenido en cuenta. Me gustaría que a partir de ahora trataras de ser más puntual en nuestras citas». En lugar de decir: «Eres un impuntual y necesito que me respetes y me tengas en cuenta».
- Usa siempre «mensajes yo». Usa expresiones como «Yo pienso que...», «En mi opinión...», «A mí me molesta porque...», «Considero que es incorrecto esto porque...» en lugar de usar expresiones como «Tú te equivocas cuando...», «Tú eres...», «Tus actitudes me han provocado...». Habla en primera persona y evita el «tú acusador» con el que solo lograrás que tu interlocutor se ponga en modo defensivo.

Date cuenta de que, una vez más, eres responsable de tus emociones y eso te da un gran poder.

No permitas que las cosas que te ocurren te controlen. **Tú controlas cómo te afectan las cosas.** Ajusta tus expectativas de forma realista y lograrás reducir tus decepciones contigo mismo, con los demás y con la vida en general.

EN RESUMEN

→ Vivir con expectativas rígidas resta paz y salud mental. Por mucho que desees algo, y por mucho que te esfuerces por lograrlo, jamás tendrás la total certeza de que eso vaya a ocurrir obligatoriamente.

→ Cuando esperas que las cosas salgan exactamente como tú quieres, que las personas te traten como tú necesitas y que tus comportamientos y tus decisiones siempre sean los correctos, entonces eres víctima de tus expectativas y pierdes el liderazgo de tu vida.

Recuerda: «las personas hacen cosas, no *te* hacen cosas».

→ La clave está en aprender a manejar expectativas.

→ Responsabilízate de tus decepciones y cambia la forma en que te hablas, reconoce tus expectativas, pon el foco en el momento presente, no esperes tanto de los demás y espera más de ti, genera emociones positivas y, sobre todo, no esperes más y expresa lo que necesitas.

→ Recuerda tu círculo de la influencia y concéntrate solo en lo que tú puedes hacer, sin restarte energía pensando en lo que está fuera de tu alcance.

CAPÍTULO 6

El arte de tolerar la frustración

—¡Hola, Carla! —la saludé afectuosamente—. Hace casi un mes y medio que no nos vemos. ¿Ha ocurrido algo?

—Sí, y lo siento mucho. Sobre todo, por mí —dijo—. He tenido que anular las últimas citas porque me ha sido realmente imposible salir del trabajo para asistir a mis sesiones contigo.

—¿Has tenido mucho trabajo últimamente?

—Como siempre. Nada fuera de lo corriente. El problema es que cada vez lo llevo peor. Y para colmo he estado tan agotada que no he ido ni una sola mañana al gimnasio, lo que sé que me va fatal, porque no usar una de las pocas vías de descarga que tengo del estrés del trabajo es un error.

—Ya veo.

—Ahora hay un pico de trabajo porque en los próximos meses se prevé un aumento de ventas y, naturalmente, eso nos afecta a los de compras —explicaba en un tono cansado.

—Y si habitualmente sales tarde del trabajo, intuyo que has estado saliendo más tarde todavía.

—Así es. Es que hay cosas que no puedo entender —dijo molesta—. ¿Tú te crees que es normal que nos pongan una reunión a las ocho de la tarde?

—Pero ¿tu horario no termina a las seis?

—En efecto —afirmó.

—Pues no, no me parece para nada normal —dije sorprendida—. Creo que deberías hablar con tu jefe sobre esta cuestión.

—Ya lo he hecho. Me armé de valor el viernes pasado y le dije que no me parecía correcto. ¿Sabes qué me respondió? Que eso era lo que había, que, si no me gustaba, la puerta era muy ancha y ya sabía dónde estaba —dijo con rabia en los ojos.

—¿Cómo te sentiste? —pregunté.

—Muy pero que muy frustrada. Hago mi trabajo lo mejor que puedo, sacrifico mi tiempo libre por la empresa a cambio de nada y encima me desprecian con un «ya sabes dónde está la puerta». Estoy muy harta del trato, de las condiciones, de la presión, de todo.

—Ya lo veo. ¿Te das cuenta de que, desde que te conozco, te quejas del mismo problema? —le cuestioné.

—Claro que me doy cuenta. Pero ¿qué voy a hacer?

—Uy, querida, muchas cosas puedes hacer —dije sonriente.

—No es tan fácil —dijo seria.

—No he dicho que lo fuera. He dicho que hay muchas cosas que puedes hacer y parece que tú solo haces un par de ellas. Quejarte y trabajar más horas de las que deberías. Y parece que tu estrategia no está funcionando muy bien.

—Cierto. Pero es que no debería ser tan difícil. Si tuviera un jefe más empático y respetuoso, no tendría ni la mitad de los problemas que tengo.

—Claro, pero resulta que tienes el jefe que tienes. Y esta es tu realidad en este momento. De veras que siento mucho que estés viviendo esta situación. Creo que hoy es el día ideal para que hablemos sobre tolerancia a la frustración. ¿Te apetece?

—Lo necesito —dijo sonriente.

Quiero, luego existo

Nos pasamos la vida deseando cosas. Y eso es verdaderamente bueno, pues, como ya hemos visto, la acción de desear actúa como un poderoso motor para marcar metas significativas y poner la energía necesaria para ir a por ellas. La motivación para conseguir cosas pasa por tener objetivos y metas en nuestra vida que deseamos que se cumplan. Para una persona, su deseo más importante puede ser formar una familia, pero para otra puede ser conseguir un ascenso en su trabajo. La frustración surge cuando no conseguimos lo que deseamos.

Todos deseamos cosas y tenemos preferencias. No puedes evitar que te guste el chocolate y que no te gusten los días de lluvia. Pero esto es solo eso, gustos o preferencias que llevan implícitos deseos: deseo comer chocolate sin que esto afecte a mi salud y deseo que no llueva ciertos días, porque quiero salir a jugar con mi perro al parque.

Los deseos, sin embargo, no dejan de ser deseos. Nada tienen que ver con las necesidades primarias. Diferenciar tus deseos de tus necesidades puede ayudarte a reducir el impacto emocional que tiene no lograr cosas que deseas mucho.

Imagina la siguiente situación: llevas meses esperando tus vacaciones, las has planificado con antelación, ganas e ilusión. Has mirado con minuciosidad cada página web buscando el hotel perfecto para ti y tu familia. Estás ansioso esperando que llegue el deseado día en que cogéis el coche y os vais de vacaciones. Pero, el día antes de tu partida, te rompes una pierna de la forma más imprevisible y se fastidian tus planes. ¿Cómo te sentirías? Experimentarías injusticia, enfado, tristeza, rabia, angustia, preocupación..., en definitiva, te sentirías frustrado.

La frustración forma parte de la vida y no la podrás evitar. No puedes impedir que te ocurran cosas desagradables, que se ponga a llover el día que has pedido de fiesta en el trabajo para irte al campo, sacar una nota baja en un examen que habías preparado con gran empeño o planear una acampada el fin de semana y que tus amigos lo cancelen en el último momento. No puedes controlar lo inevitable y mucho menos lo que no depende de ti. Pero sí puedes aprender a manejar la frustración y a superarla.

La frustración se origina en el mismo momento en que nacemos, la traemos de serie y evoluciona durante la infancia (y durante toda la vida). Piensa en un recién nacido: nada más nacer expresa sus necesidades de alimento, sueño, descanso, amor o higiene a través del llanto, y las madres y los padres corremos a satisfacer las demandas de nuestros pequeños. En estas primeras etapas, las demandas suelen corresponder con necesidades primarias, pero, a medida que los niños van creciendo, estas peticiones ya no son tanto necesidades básicas relacionadas con la supervivencia, sino que se trata de deseos que no son verdaderas «necesidades». **Una necesidad es aquello vital para sobrevivir:** comer, beber agua, respirar, protegerse del frío y del calor y dormir. Si no se satisfacen estas necesidades, es imposible seguir viviendo. **Todo lo demás son deseos.** Y si los padres siguen corriendo a satisfacer estas «no necesidades» para que sus hijos no experimenten la menor molestia, entonces estos niños no aprenderán a tolerar adecuadamente sus frustraciones.

Piensa en un niño pequeño: ve algo que despierta su atención, lo desea y mucho, y lo quiere ya, no puede ni quiere esperar. Si quiere que le compres un muñeco, lo quiere en ese momento y, si no lo consigue, montará una pataleta e intentará por todos los medios hacer lo que sea necesario para conseguir su propósito. Esperar no forma parte de sus planes. Carece del concepto de tiempo y, como es egocéntrico por naturaleza, no puede empatizar con las necesidades de los demás. No tolera que su madre o su padre le pongan límites y se siente frustrado porque no le dan lo que quiere. No entiende ni acepta un *no* por respuesta y no sabe controlar toda la rabia que siente en ese momento. Y lo más fácil para que ese niño se calle y no monte una escena es darle aquello que quiere; es decir, poner fin a la situación molesta (para ti y para él). Pero esto es un arma de doble filo. Y, aunque todo el mundo lo sabe, casi todo el mundo cae en la misma trampa. No es culpa del niño: es culpa de la **baja tolerancia a la frustración** (en adelante BTF). De esta manera, el niño aprende que montando una escena consigue lo que quiere y repetirá esa conducta porque sabe que le funciona. Pero ¿qué le pasará cuando sea adulto? Las pataletas entonces ya no funcionarán... Por mucho que grite y llore no dejará de llover el día que tenía previsto ir a la playa ni logrará que la persona que le gusta necesariamente se fije en él. Por tanto, la clave radica en que desde pequeños nos vayamos acostumbrando a no tener inmediatamente lo que queremos, a no montar pataletas cuando nos niegan o posponen algo y a aceptar las cosas tal como vienen, porque comprendemos que no podemos tener el control de todo lo que nos afecta.

Porque la vida es así de cruel a veces, y hay cosas que tardan muchísimo en llegar, incluso las hay que no llegan nunca por mucho empeño que le pongamos. Y hay que saber aceptar esta realidad o, de lo contrario, no obtendremos ni una décima parte de lo que nos propongamos.

Como ves, la BTF suele ser el resultado de un estilo de sobreprotección por parte de los padres que termina generando que los niños crean que pueden conseguir todo lo que desean sin grandes complicaciones. Padres que evitan a toda costa el «sufrimiento» de sus hijos por no conseguir todo lo que quieren, que tratan de darles una vida cómoda y sin problemas, crean niños que confunden deseos con «necesidades» que deben ser satisfechas. Y estos niños crecerán. Y se harán adultos. Y seguirán creyendo que, si la vida no les da lo que ellos necesitan, entonces el mundo es un lugar hostil y terrible al que hay que maldecir constantemente.

Frustración y baja tolerancia a la frustración NO son lo mismo

La **frustración** es el sentimiento que aflora cuando no conseguimos aquello que deseamos o que esperamos. Se trata de una **respuesta emocional absolutamente normal** que surge cuando nuestras expectativas, nuestros proyectos o nuestras ilusiones se truncan. Y, obviamente, la frustración no nos gusta porque nos produce molestia, desagrado e incomodidad. Sin embargo, la frustración no es mala en sí misma, ya que también actúa como motor para tratar de eliminar o de modificar las situaciones que no salen como nos gustaría y aprender con la experiencia. Así pues, la frustración tiene dos caras bien diferenciadas:

FRUSTRACIÓN

- Aspectos negativos: malestar, incomodidad, desagrado, decepción, molestia.
- Aspectos positivos: aprendizaje, desafío, oportunidad, autocontrol, conciencia, comprensión, crecimiento, aceptación, paciencia.

Sentir esa ansiedad ante la incomodidad no es malo en absoluto. Recuerda que todas las emociones son necesarias y son funcionales, es decir, sirven para algo. Son como un termómetro que nos informa de que debemos prestar atención a algo. Que te sientas frustrado quiere decir que algo ha salido mal, o que te has esforzado y aun así no has logrado lo que esperabas. No puedes controlar todas las cosas que ocurren, pero sí que puedes controlar cómo reaccionar ante aquello que te pasa.

Incluso puedes aprender de ello. Cuando sientas que no has logrado los resultados esperados en un objetivo, ¡no te rindas! Haz un análisis en profundidad de lo que has hecho y de los resultados que has obtenido. Valora esos resultados, por pequeños que te parezcan, toma papel y...

1. Escribe lo que has hecho bien y en lo que crees que has fallado o podrías mejorar.
2. Anota posibles alternativas al comportamiento menos acertado.
3. Prepara un plan de acción que incluya esta alternativa para lograr tu meta y analiza cada avance que des en dirección a ella.

Hay una cantidad ingente de personajes relevantes a lo largo de la historia que no hubieran conseguido nada de lo que lograron si no hubieran sabido gestionar su frustración.

«La clave del éxito es ir de fracaso en fracaso, pero sin perder el entusiasmo», Winston Churchill.

Edison fue despedido de sus dos primeros trabajos y tuvo que hacer alrededor de setecientos experimentos antes de conseguir que su primera bombilla funcionara. Einstein tardó nueve años en conseguir un trabajo en el entorno académico, además de ser considerado discapacitado intelectual en la infancia. Walt Disney fue despedido de su trabajo porque sus jefes consideraban que le faltaba creatividad. Arianna Huffington no logró publicar su archiconocido *The Huffington Post* hasta ser rechazada en treinta y seis ocasiones. A James Dyson le costó quince años, todos sus ahorros y más de cinco mil prototipos fallidos sacar su famosa aspiradora. ¿Qué hubiera sido de todos ellos si la frustración, que sin duda experimentaron, hubiera terminado con sus sueños? La respuesta es evidente.

Un fracaso, un error o una equivocación pueden parecer una calle sin salida, pero recuerda las innumerables historias de éxito de las personas que no se rindieron ante el sentimiento de fracaso y decidieron aprender y mejorar con él. Cuando abres los ojos y tomas verdadera conciencia de tus errores y de las cosas que no salen como a ti te gustaría, puedes aprender de todo ello y tener mejores experiencias en el futuro.

Aceptar que el fracaso y el malestar son parte necesaria de la vida es un buen comienzo para empezar a gestionar adecuadamente esta emoción. Tener una alta tolerancia a la frustración te hace la vida menos dramática y mucho más feliz, porque permite afrontar retos y desafíos con los que, queramos o no, más tarde o más temprano nos vamos a encontrar.

Es de sobra conocido que en Estados Unidos o en China fracasar a nivel empresarial para nada es visto como algo vergonzoso, sino como un hecho absolutamente normal que forma parte del arte de emprender. La clave del éxito radica en no dejar de intentarlo y aprender de cada fallo previo. Cuando fracasas en una meta, en realidad estás más cerca de alcanzarla, porque ya sabes qué no debes hacer. Y esa es una información muy valiosa que antes no tenías.

Que las cosas salgan mal no necesariamente conduce a la baja tolerancia a la frustración, es decir, a la **perturbación emocional.** La frustración puede provocar molestia, pena o incomodidad, pero todas ellas son emociones adaptativas, es decir, proporcionan un valioso mensaje que es preciso que atiendas, pues te llevará a actuar de modo constructivo. El problema aparece cuando la frustración despierta sentimientos intensos de rabia, desesperación, angustia o depresión, pues estas emociones, lejos de proporcionar aprendizajes significativos, únicamente van a provocar bloqueo y rendición. Es entonces cuando hablamos de **baja tolerancia a la frustración.**

Las personas con BTF son aquellas que tienen poca capacidad para soportar aquello que les genera incomodidad. Esto hace que no sepan responder de manera adecuada a los problemas y los tropiezos de la vida. Por lo general, son personas con incapacidad para perseverar y luchar por lo que quieren cuando aparecen las dificultades. Les cuesta gestionar la rabia, la tristeza, la ansiedad y la incomodidad tanto física como emocional.

Para estas personas, los objetivos no conseguidos son vividos como verdaderos fracasos, cuyas consecuencias son catastróficas, al menos en sus mentes. La BTF hace que no se ponga verdadero esfuerzo ni disciplina en la vida, porque la misma incomodidad que despierta lleva a abandonar cualquier proyecto.

A continuación, te presento las principales características de las personas con baja y alta tolerancia a la frustración:

Personas con bajo nivel de tolerancia

- No aceptan las cosas como son y como suceden realmente.
- Presentan un estilo de pensamiento dicotómico o polarizado (todo o nada, siempre o nunca, blanco o negro..., no existen matices).
- Tienen una percepción exagerada de las cosas, con muchas creencias irracionales.
- Los imprevistos y los tropiezos son vividos como auténticas catástrofes.
- Tienden a desmotivarse con facilidad.
- Suelen abandonar sus proyectos ante la mínima dificultad o el mínimo atisbo de fracaso, incluso abandonan antes de empezar.
- Confunden deseos con necesidades. Cuando quieren algo, lo quieren inmediatamente y no son capaces de tolerar el tiempo de espera que conlleva lograr un objetivo.

Personas con alto nivel de tolerancia

- Tienen menores niveles de estrés.
- Disponen de mayor capacidad para gestionar sus emociones y mantener la calma ante los inconvenientes y los imprevistos.
- Los pensamientos negativos no invaden su mente.
- Aceptan con mayor facilidad el sufrimiento, el dolor, el fracaso o la incomodidad.
- Actúan de manera proactiva. Intentan buscar soluciones alternativas que les permitan alcanzar sus objetivos cuando aparecen las dificultades.
- Comprenden que lograr objetivos significativos no siempre es fácil y aceptan tales dificultades como parte del juego.

En conclusión, sentir frustración cuando algo no sale según lo previsto es absolutamente normal e incluso deseable. El problema viene cuando esta incomodidad nos perturba demasiado, nos *sobrefrustramos* y sufrimos BTF o ansiedad ante la incomodidad, lo cual puede conducir con facilidad a comportamientos perjudiciales y derrotistas.

Veamos un ejemplo:

A ACONTECIMIENTO ACTIVADOR	«Espero un ascenso en el trabajo y contratan a una persona nueva para ocupar esta posición.»
B INTERPRETACIÓN	«No puedo soportar esta injusticia.» «Es terrible que las cosas no salgan como yo necesito.» «Mi jefe debería valorar más mi trabajo y darme a mí este cargo en la empresa.»
C EMOCIONES	BTF (ansiedad, rabia, sentimiento de injusticia, depresión).
D CONDUCTA	Lloro en el baño de la oficina y me voy a mi casa antes de terminar la jornada pensando en abandonar el trabajo.

Así pues, la BTF viene de una visión exagerada de la realidad, hiperexigente y rígida. La persona con BTF cree con firmeza que la realidad *debe* ser exactamente como quiere y no como es en realidad. Por ello, se queja, patalea, se desajusta y se bloquea.

Pero lo peor de todo es que experimentar BTF, lejos de reducir la frustración natural que nace cuando las cosas no son como nos gustaría, incrementa el malestar y hace que sea más fuerte en situaciones futuras semejantes, o incluso que se generalice y acabe despertando el mismo nivel de malestar ante situaciones que antes sí tolerábamos mejor. Es decir, que la BTF nos vuelve más exigentes y rígidos, y a menudo puede llevar a conductas perjudiciales como el consumo de drogas, las compras compulsivas o cualquier otro comportamiento desadaptativo, porque termina por deprimir a la persona que la sufre al hacerla creer que el mundo es un lugar hostil y difícil en el que vivir.

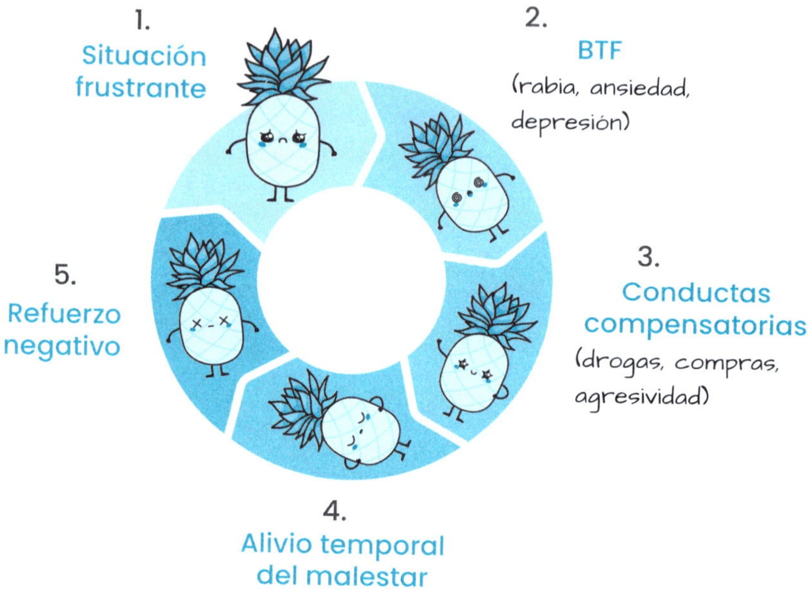

Estas conductas compensatorias no son en absoluto deseables, porque, aunque inicialmente pueden aliviar el malestar, terminan cronificando ese círculo vicioso y no permiten que se generen otras formas adaptativas para lidiar con la incomodidad, además de causar problemas de salud, de pareja, laborales o en cualquier otra esfera importante de la vida.

Aprender a lidiar con la frustración es un viaje a lo largo de toda la vida que no acaba nunca. Se necesita paciencia, práctica y persistencia. Y si de niños no nos enseñaron, nos tocará aprenderlo de adultos. Tolerar la frustración supone enfrentar las vicisitudes y limitaciones que la vida nos plantea a pesar de las molestias que nos suponen y aprender a ACEPTAR aquello que no podemos controlar.

Cuando aprendemos a gestionar la frustración, nos convertimos en adultos más fuertes, más resilientes y mucho más eficaces en todos los ámbitos de la vida. Y he de reconocer que no es cosa fácil ser paciente en una sociedad en la que todo es para ayer. Vivimos en el mundo de la inmediatez y de la rapidez; si no, tenemos la sensación de perder el tiempo o desaprovecharlo: mensajes de móvil, acceso a internet, redes sociales, informes, reuniones...

Y, desgraciadamente, esto también lo hacemos con los niños: no dejamos que vivan la frustración de no tener lo que quieren, ya sea porque el resto de sus amigos ya lo tienen o porque queramos darles aquello que a nosotros nos negaron de pequeños y deseamos que a ellos no les falte de nada. Pero debemos entonces recordar que **las frustraciones que experimenten de pequeños les permitirán convertirse en adultos con recursos emocionales.**

La buena noticia es que la tolerancia a la frustración se puede aumentar. Sigue leyendo...

Estrategias para aumentar la tolerancia a la frustración

Vamos a abordar unas reflexiones y algunos ejercicios que te servirán de herramienta para gestionar la frustración.

Lo primero que te propongo es que, cuando sientas las primeras señales de molestia o incomodidad, no busques inmediatamente eliminar ese malestar. Date cuenta de que no pasa nada si te sientes mal por unos momentos. Lo sé, es desagradable y quieres hacer lo que sea para que se vaya, pero, créeme, la tolerancia hay que entrenarla, igual que entrenas los músculos de tu cuerpo cuando haces deporte.

Reflexiona acerca de alguna situación reciente (o no) que no saliera según habías planificado y que te despertara grandes dosis de frustración. Escribe aquí la situación:

Pregúntate: ¿cómo te sentiste en aquel momento? ¿Qué pensaste acerca de la situación? ¿Pensaste que ocurriría algo terrible?

Pregúntate: ¿qué ocurrió en realidad?

Probablemente estés dándote cuenta de que lo que pensaste en aquel momento estaba algo distorsionado y que tu cerebro hizo de guionista cinematográfico poniendo la situación vivida al nivel de una película de terror o de drama, cuando, en realidad, visto ahora en perspectiva, tampoco fue tan grave como pensaste. En realidad, las cosas que te frustran no son tan terribles como para hacerte sentir tan mal, ¿no crees? A menudo, las consecuencias que imaginas son mucho más terribles en tu mente que cuando realmente ocurren. Y cuando ocurren, ¿acaso son tan insoportables como las habías imaginado?

Trata de recordar a partir de ahora que **tu mente tiende a exagerar las cosas y que nada es tan terrible** como te puede parecer en un momento dado. Que después de la tormenta, más tarde o más temprano, vuelve a salir el sol. Confía y fluye.

Reconoce las emociones que derivan de la frustración

A estas alturas eres perfectamente consciente de que el primer paso para cambiar algo es saber que está ahí y que merece la pena un esfuerzo por modificarlo. La frustración, a veces, adopta forma de rabia, otras de depresión, otras de sentimiento de injusticia y otras de angustia. Lo importante es identificar que deriva de una frustración y que debes atender esas emociones para que no te causen más daño.

Para ello te propongo **la técnica del «semáforo emocional».** Consiste en aplicar el funcionamiento de los semáforos para aprender a gestionar tus emociones desagradables, es decir, el rojo significa *no pasar*, el ámbar significa que debemos prepararnos para parar y el verde significa *adelante*. Esta técnica te ayudará a comenzar a ser consciente de tus sensaciones y de tus pensamientos *antes* de que empieces a sentir una frustración demasiado intensa. Puedes dedicar la próxima semana a observarte con atención, con el objetivo de que, cuando sientas que aparece la menor expresión de frustración, pares lo que estés haciendo y evalúes del 0 al 10 cuánta intensidad de frustración estás sintiendo. Puedes intentar visualizar un semáforo para saber en todo momento cómo estás:

- **Verde:** la frustración es muy leve y comprensible dada la situación que estás viviendo. Puedes aceptar la situación sin sufrir por ello.
- **Naranja:** la intensidad es moderada y estás empezando a perturbarte. Debes ponerte a trabajar en esta emoción antes de que pases al rojo. Relativizar la situación te será de gran ayuda.
- **Rojo:** la emoción es muy intensa y te sientes muy perturbado por lo que te ha ocurrido. Es hora de trabajar con las siguientes herramientas.

Diferencia deseos de necesidades

Cuando sientas malestar porque las cosas no han salido como a ti te gustaría, es importante analizar si se trata de un deseo o de una necesidad. Lo verás todo distinto. Querer ir de viaje en verano o tener un coche nuevo no son necesidades vitales. Y muchas veces creemos que necesitamos ciertas cosas cuando en realidad solamente las deseamos. No nos confundamos. Desear algo no es necesitarlo. Te propongo este ejercicio práctico:

- Haz una lista con todos tus deseos y otra con tus necesidades.
- Luego analiza bien cada elemento de las listas: ¿es esto realmente una necesidad? ¿Qué ocurriría si no lo obtuvieras? ¿Sería tan catastrófico?

Afirmaciones positivas

Para afrontar adecuadamente la frustración es conveniente que adoptes una actitud positiva y proactiva ante las situaciones que te desagradan. No te quejes (de nada te sirve) y haz lo que esté en tus manos para disminuir la incomodidad. Eso sí, mucho cuidado con caer en conductas perjudiciales que solamente van a actuar como una tirita para aliviar temporalmente el dolor. Y nada mejor para lidiar con la frustración que recordar que forma parte de la vida. Usar afirmaciones para recordar esto puede ser de gran ayuda. Te propongo que uses esta afirmación cuando experimentes alguna frustración:

«No tengo que tener todo lo que deseo cuando lo deseo. No es terrible frustrarme, solamente es incómodo, desagradable, normal y frecuente en la vida. Puedo soportarlo y no me voy a morir por ello. Puedo vivir de forma feliz a pesar de no tenerlo todo y vale la pena sufrir incomodidades a corto plazo en pro de beneficios futuros.»

Es tu turno. Te animo a escribir tu propia afirmación para hacer frente a la frustración en estas líneas:

Acepta la frustración como parte de la vida

Todos queremos tener éxito en los objetivos por los que nos esforzamos, todos queremos ser queridos y valorados por las personas que nos importan, todos queremos ganarnos bien la vida y tener comodidades. Sin embargo, a veces ocurren contratiempos, incluso enfermedades terribles que truncan todos nuestros planes, pero, como decía Bruce Lee, «Be water, my friend». Cuando dejas de ofrecer resistencia, aprendes a fluir con las circunstancias que te rodean y disfrutas más de cada momento. Esta frase, basada en el principio filosófico de origen taoísta llamado Wu Wei, anima a «no actuar», pero en ningún caso en el sentido de no hacer nada, sino en el sentido de permitir que la vida suceda de la manera en que tiene que suceder, aceptando que las cosas ocurren de determinada manera porque así es como debe ser. Cuando aceptas esto, te liberas de la necesidad de tener que luchar constantemente contra el universo y puedes vivir de una forma más relajada.

«Si pones agua en una taza, se convierte en la taza. Si pones agua en una botella, se convierte en la botella.
El agua puede fluir o puede chocar.
Sé agua, amigo mío»,
Bruce Lee.

No es posible resolver todas las injusticias ni las situaciones dolorosas que vivimos y a veces esto provoca altos niveles de malestar. Es necesario aceptar esta realidad para vivir en paz y en sintonía con el orden natural de las cosas. Para ello te propongo un ejercicio práctico que te permitirá disminuir la sensación de malestar que te provocan las situaciones de injusticia sobre las que no tienes ningún control y sobre las que no puedes actuar:

MEDITACIÓN

Te animo a escuchar esta meditación guiada para hacer este ejercicio de la aceptación, que tiene por objetivo ayudarte a aceptar las cosas tal como son, aunque no te gusten.

Técnicas de desactivación fisiológica

La frustración conlleva malestar y la BTF, todavía más. A menudo esta emoción va acompañada de ansiedad intensa. Si sientes que la ansiedad se apodera de ti, recuerda que tus pensamientos tienen un papel clave en el origen y la intensidad de tus emociones. Por tanto, lo primero que debes hacer es tratar de modificar tus pensamientos catastrofistas y exagerados acerca de la situación que te desajusta emocionalmente. Si esto no es suficiente, puedes poner en práctica las siguientes **técnicas psicológicas de desactivación fisiológica** que se utilizan para reducir los síntomas de activación que el cuerpo emite ante una situación que se interpreta como amenazante o incómoda. Con ellas lograrás:

- Disminuir la tensión muscular.
- Disminuir la frecuencia cardíaca.
- Aumentar el riego sanguíneo y la oxigenación celular.
- Regular el ritmo de la respiración.
- Reducir la secreción de adrenalina y noradrenalina, neurotransmisores implicados en la respuesta de miedo.

Existen numerosas técnicas de desactivación fisiológica, pero las que han mostrado ser más eficaces para tratar los síntomas de activación son las siguientes:

Respiración profunda diafragmática

La respiración diafragmática es un tipo de respiración controlada que usa el diafragma, el músculo que se halla debajo de las costillas y se encuentra por encima del estómago. Con este tipo de respiración, el diafragma hace que sea el estómago, en lugar del pecho, el que suba y baje con cada inhalación y exhalación. Cuando inhalamos, los pulmones se llenan de aire, entonces el diafragma presiona hacia abajo y el estómago se mueve hacia delante. Cuando exhalamos, se vacían los pulmones y el diafragma vuelve a subir, haciendo que el estómago se mueva hacia dentro de nuevo.

Inhala lenta y profundamente por la nariz durante seis a ocho segundos, elevando voluntariamente tu abdomen. A continuación, retén el aire tres o cuatro segundos y, por último, exhala muy despacio por la boca, durante otros ocho o diez segundos. Para hacerlo con la suavidad necesaria para que la técnica funcione, imagínate que tienes frente a ti una vela encendida y que no quieres que se apague con el aire que estás exhalando.

El objetivo es que hagas de tres a cuatro respiraciones profundas por minuto. El resultado será una respiración lenta, uniforme y profunda, lo que proporcionará sensación de calma y tranquilidad.

Relajación muscular progresiva de Jacobson

Edmund Jacobson descubrió que la alteración emocional y la ansiedad producían contracturas musculares e hipotetizó y demostró que, cuando se relaja la musculatura, los niveles de ansiedad y malestar emocional también se reducen de forma significativa. Diseñó entonces una de las técnicas de relajación más usadas, que se basa en la contracción y relajación progresiva de dieciséis grupos de músculos. Con esta técnica, se persigue que la persona reconozca con facilidad las sensaciones físicas de la tensión y la relajación muscular, de modo que se desarrolle «conciencia neuromuscular» y poder así reducir de forma consciente la tensión muscular.

Te animo a poner en práctica esta técnica a través de este audio:

EN RESUMEN

La frustración es el sentimiento que aflora cuando no conseguimos aquello que deseamos o que esperamos. Sentir esa ansiedad ante la incomodidad no es malo en absoluto. Acepta tu frustración como una emoción normal que te quiere decir algo.

- Sé consciente de tus reacciones emocionales.
- Diferencia los deseos de las necesidades.
- Potencia tus competencias emocionales.
- Toma distancia del problema.
- Aprende a soportar el dolor, ya que no te va a destruir.
- Refuerza tu autoestima.
- Recuerda tus situaciones de éxito.
- Identifica y acepta tus limitaciones.
- Evalúa la situación.
- Aprende de la situación.
- ¡Confía en ti!

CAPÍTULO 7

Creencias limitantes o cómo ponerse trabas en el camino

—Te juro que no aguanto ni un día más —dijo Carla en cuanto se sentó.

—Soy toda oídos —la animé a continuar.

—Las cosas se están poniendo cada vez más tensas en el trabajo y mi jefe cada vez me presiona más y me trata peor. El otro día llegó incluso a gritarme dando un portazo al salir de la sala de reuniones. Me dio hasta taquicardia, te lo juro. Trabajo sin descanso y nunca nada es suficiente. Si intento irme a mi hora, me fulmina con la mirada y me trata peor al día siguiente. Es un sinvivir. Si me quedo más allá de mi horario, siento que me traiciono a mí misma y, si me voy, siento que traiciono a mi jefe y a mis compañeras. Se habla de una fusión y creo que están ajustando gastos. Hay mucho volumen de trabajo, pero supongo que no quieren contratar más personal porque querrán mostrar buenos balances. Y, claro, los que estamos ahí estamos sufriendo las consecuencias. Quien más quien menos está quemado y yo, si no fuera por el trato hostil de mi jefe, probablemente podría seguir, pero es que ya no puedo más —explicó Carla.

—Ya veo. ¿Crees que puedes hacer algo por mejorar esta situación? —pregunté.

—Creo que no, la verdad. Ya he hablado en varias ocasiones con él y la respuesta siempre es la misma. Que esto es lo que hay. Que, si no me interesa, ya sé lo que debo hacer. ¡Y se queda tan pancho, el tío!

—Parece que está usando contigo la técnica del disco rayado —afirmé.

—¿Qué es eso?

—Es una técnica de comunicación asertiva muy útil cuando se ha comprobado que la otra persona no acepta un *no* por respuesta. Consiste en negarse a la petición que hace alguien, repitiendo una y otra vez el mismo argumento, normalmente usando una frase que no sea demasiado larga. Independientemente de los razonamientos del interlocutor, se repite lo mismo hasta que este se agota y deja de insistir. El problema es que tu jefe hace una variante agresiva de esta técnica. Él ni te argumenta ni trata de convencerte de que es un bien para la empresa. ¿Qué crees que trata de hacer? —pregunté.

—Pues creo que trata de manipularme, de hacerme dudar de mí misma. Porque lo dice con tanta seguridad que me hace creer que no voy a encontrar otro trabajo como el que tengo. Me hace entrar en duda, como si estuviera mal lo que le pido. ¡Me está haciendo sentir culpable! —dijo al fin.

—¿Y lo está consiguiendo?

—Supongo que sí, porque me siento fatal. Tengo miedo, la ansiedad ha vuelto, siento que me estoy equivocando en mi actitud de queja porque cada vez que lo hago me siento peor, me cuesta dormir por las noches, voy arrastrándome por las esquinas... Últimamente me encuentro casi tan mal como cuando empecé la terapia —aseveró con tristeza en los ojos.

—¿Estás interpretando esta situación de forma realista? —la animé a reflexionar.

—Creo que es muy realista esperar cumplir con un horario laboral normal, tener al menos treinta minutos para comer fuera de la oficina y salir a una hora prudente. Creo que es muy realista esperar un trato respetuoso por parte de mi superior. Creo que es muy realista esperar que se valore positivamente el trabajo que hago bien y que no solo se me recuerden las tareas que están atrasadas, no porque sea lenta, sino porque me dan el trabajo de dos personas. Creo que es realista tener un jefe que motive y te haga sentir a gusto en tu lugar de trabajo. Sinceramente, creo que mis interpretaciones son muy lógicas y que mis emociones también lo son.

—¡Bravo! Me siento muy orgullosa de ver tus progresos. Estoy contigo. No creo que estés distorsionando la situación que estás viviendo. Así que, dicho esto, si no puedes cambiar tu forma de pensar, porque esta ya es correcta, tendrás que cambiar tu forma de actuar.

—¿Qué quieres decir? —preguntó con asombro.

—Pues eso. Si quieres resultados diferentes, tendrás que hacer cosas diferentes.

—¡Ay, madre, que aquí se va a liar! Me aterroriza pensar en cómo se va a tomar que le diga que no llego a todo lo que me pide o cómo me va a tratar si empiezo a cumplir a rajatabla con mi horario. A un jefe no se le puede desautorizar. Me va a despedir y ese será mi fin —explicaba nerviosa.

—Detecto varias creencias limitantes en tus palabras —apunté.

—No lo sé. Solo sé que necesito este trabajo para tener la vida que tengo. No encontraré otro empleo en el que me paguen como aquí y sin estos ingresos no podré mantener mi piso yo sola. ¡Necesito este trabajo!

—No es verdad y te lo demostraré. ¿Has oído hablar de las creencias limitantes?

—No, pero seguro que hoy me vas a hablar de ellas —dijo con una sonrisa.

—Ya me vas conociendo —le dije devolviéndosela.

Eres capaz de mucho más

«No se me da bien escribir», «Soy un desastre al volante», «Mis amigas son más guapas e inteligentes que yo», «No tengo éxito con los chicos», «No soy capaz de responder con rapidez ante las críticas»...

¿Cuántas cosas has hecho o has dejado de hacer por culpa de ideas preconcebidas que tienes y que das por válidas? ¿Cuántas oportunidades te has perdido por miedos que están en tu cabeza y que jamás te has atrevido a desafiar? ¿Cuántas veces te has quedado atrás por creer que «no estabas lo suficientemente preparado» o no ibas a poder? Esas, querido, querida, son **creencias limitantes.** Y lo único para lo que sirven es para que no saques tu máximo potencial y no avances todo lo que podrías.

Las creencias limitantes son ideas, pensamientos o juicios acerca de uno mismo, de los demás o de la vida en general, que se han construido a través de experiencias pasadas, que se consideran ciertos a pesar de no tener evidencia suficiente y que limitan a la persona que las padece. De ahí su nombre.

Las creencias limitantes son todas aquellas que se interponen entre tus sueños y tú.

Ante un desafío o una situación desconocida es normal que asalten multitud de «y si...» que ponen en duda tus capacidades, posibilidades y habilidades. Sin embargo, cuando son tus creencias las que te paralizan ante la posibilidad de fallar, hasta el punto de ni siquiera intentarlo, entonces te encuentras delante de una creencia que debes eliminar por el bien de tu autoestima y de tu felicidad.

Por supuesto, eso no quiere decir que no haya un montón de cosas que no puedes hacer, cosas tremendamente difíciles para alguien como tú y como yo, solo al alcance de profesionales, o habilidades y capacidades que no te representan. No estoy diciendo que no debamos ser realistas. Sin embargo, probablemente haya otras muchas limitaciones que están solo en tu cabeza.

Lo más importante es reconocer si existen o no estas creencias en tu mente. Una buena manera de averiguarlo es mirando atrás en tu vida. ¿Has asumido riesgos los últimos años? ¿Has emprendido algún proyecto? ¿Sientes que estás evolucionando en una dirección satisfactoria para ti? O, por el contrario, ¿te encuentras estancado, limitado y haciendo siempre lo mismo? Si es así, lo más seguro es que **tus creencias limitantes estén decidiendo por ti.**

El origen de estas limitaciones suele hallarse en la primera infancia. Algunos estudios hablan de la franja de los cero a los siete años como la etapa crucial en que se forman la mayor parte de las creencias limitantes. Sin embargo, estas van evolucionando a lo largo de la vida y, mientras unas desaparecen tras desafiarlas y lograr éxitos, otras se crean a través de experiencias de fracaso.

Los fracasos actúan como un poderoso programador cerebral. Cada vez que fallamos, se registra en nuestro cerebro la creencia de que se tiene ese límite. El error está en no volver a intentarlo, porque se sella a fuego la idea de que eso no es posible, al menos para esa persona.

Por fortuna, **los éxitos actúan de la misma manera.** El cerebro registra ese suceso positivo como una capacidad o una habilidad (innata o no) y la convierte en una creencia potenciadora. Esto permite a la persona creer que es capaz de hacer cosas semejantes, lo que la va a impulsar a intentar nuevos desafíos con mayor autoconfianza y, por tanto, con mayores probabilidades de acumular nuevos éxitos en el marcador.

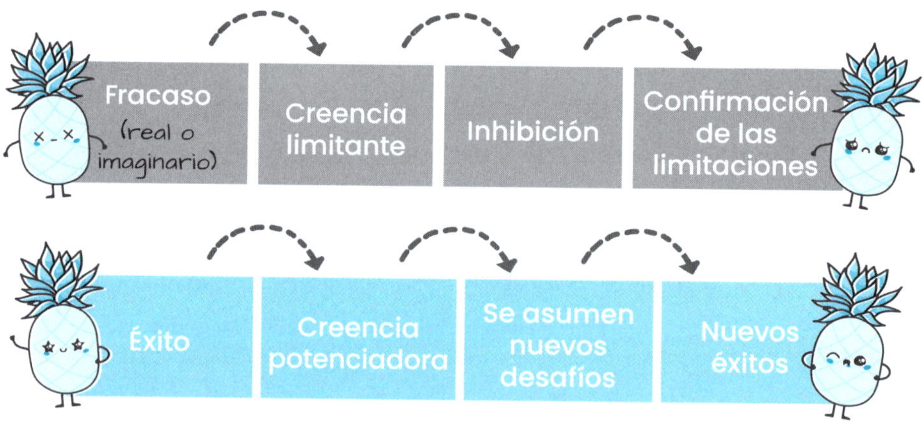

Sin embargo, muchas creencias limitantes no nacen de malas experiencias pasadas en que se comprobó que no se era capaz o que uno no era válido (aunque fuera una sola vez). ¡Qué va! Muchas vienen heredadas de las **figuras de apego,** es decir, de esas personas con las que establecemos un vínculo emocional profundo y duradero («A las mujeres de nuestra familia se nos da mal el deporte»), o de comentarios que se reciben de su parte («Eres una niña muy tímida y por eso te cuesta relacionarte con los demás»). En esta época, en la que el niño es una esponja en toda regla y absorbe toda la información que le llega del entorno, es cuando el niño no se cuestiona si lo que dicen desde fuera es verdad o mentira: lo asume directamente como la realidad. Y no hay más. Y no hay nada que comprobar. Es así porque es lo que ve en su casa, porque es lo que le dicen sus padres o sus profesores. Pero lo peor de todo es que...

SE REFUERZAN CON EL TIEMPO

Tus creencias, vengan de aprendizajes propios o ajenos, te condicionan. **No importa si se ajustan o no a la realidad, para tu mente son ciertas,** lo que te llevará a actuar en consecuencia. Como a estas alturas ya sabrás, tus pensamientos condicionan tus comportamientos y tus creencias limitantes naturalmente también lo hacen. El problema radica en que estas creencias son muy perjudiciales para ti, te niegan la oportunidad de crecer y desarrollar tu potencial, ya que **impiden que te enfrentes a nuevos retos que podrían aumentar tus posibilidades de lograr éxitos** y, con ellos, bienestar y autoestima. Si crees que no se te dan bien los idiomas, actuarás según esta creencia, es decir, no tomarás clases de inglés ni acudirás a sesiones de intercambio de idiomas y mucho menos te pondrás películas en versión original. El resultado que obtendrás, naturalmente, es que tu inglés difícilmente mejorará, confirmando que tu capacidad ante los idiomas es más bien pobre. ¡Pero es mentira! ¿Qué habría ocurrido si te hubieras apuntado a clases particulares aun pensando que no lograrías mejorar?

Cada vez que te enfrentas a un nuevo reto te asalta el famoso «¿Y si fracaso?». Cómo cambiaría la película si lo primero que te pasara por la mente fuera algo como «¿Y si logro ese objetivo tan importante para mí?». ¿No te parece?

Piensa ahora mismo en algo que te consideres incapaz de hacer. Lo que tú quieras: tocar la guitarra, aprender alemán, correr una maratón...

¿Lo tienes? Vale, pues me vas a permitir que me ponga un poco dramática...

Imagina por un momento que estás en una película (ya sabes que en las pelis está todo permitido). Imagina que eres el protagonista y que los malos te dicen que, si no logras hacer eso que crees que no eres capaz de hacer, dentro de un año vas a perder para siempre a las personas que más quieres y no las vas a volver a ver jamás. Y ahora, ¿te sientes más capaz de lograrlo? Seguro que sí. Habrás pensado que *entonces* harías todo lo que hiciera falta por conseguir esa meta. Te dedicarías en cuerpo y alma. Dejarías de perder el tiempo en banalidades para poder entregarte a esa meta *tan importante* para ti, ¿verdad? **La clave para lograr algo está en la motivación y en la persistencia.** ¿Cuánto deseo eso que me parece imposible lograr? Amigo, casi nada es imposible, solo hay cosas difíciles de conseguir.

Para ilustrarte acerca del poder de las creencias limitantes te voy a explicar un cuento popular que quizás no conozcas: *El camello y la cuerda*.

Una larga caravana de camellos avanzaba por el desierto hasta que llegó a un oasis y los hombres decidieron pasar allí la noche.

Conductores y camellos estaban cansados y con ganas de dormir, pero cuando llegó el momento de atar a los animales, se dieron cuenta de que faltaba un poste. Todos los camellos estaban debidamente estacados, salvo uno. Nadie quería pasar la noche en vela vigilando al animal, pero, a la vez, tampoco querían perder el camello. Después de mucho pensar, uno de los hombres tuvo una buena idea.

Fue hasta el camello, cogió las riendas y realizó todos los movimientos como si atara el animal a un poste imaginario. Después, el camello se sentó, convencido de que estaba fuertemente sujeto y todos se fueron a descansar.

A la mañana siguiente, desataron a los camellos y los prepararon para continuar el viaje. Había un camello, sin embargo, que no quería ponerse en pie. Los conductores tiraron de él, pero el animal no quería moverse.

Finalmente, uno de los hombres entendió el porqué de la obstinación del camello. Se puso de pie delante del poste de amarre imaginario y realizó todos los movimientos con que normalmente desataba la cuerda para soltar al animal. Inmediatamente después, el camello se puso en pie sin la menor vacilación, creyendo que ya estaba libre.

Este es el poder de la mente. Si crees que puedes, podrás. Y si crees que no puedes, entonces no podrás. Así de simple.

«Tanto si crees que puedes como si crees que no puedes, estás en lo cierto»,
Henry Ford.

La mente necesita congruencia entre la información que viene del interior y la que viene del exterior. En esta búsqueda de congruencia de aquello que nos sucede, entra en juego el **sistema de activación reticular** (SAR): un conjunto de circuitos neuronales que conectan el tallo cerebral con la corteza cerebral y los núcleos del tálamo. El SAR actúa como un poderoso filtro procesando solamente una parte de la información que recibe del entorno, aquella que capta nuestra atención y dispone al cerebro para centrar su atención solamente en aquellas cosas que le interesan, obviando otras informaciones menos relevantes.

El cerebro, siguiendo el principio de ahorro de energía, se enfocará automáticamente en las cosas que son más relevantes para nosotros y regulará nuestro estado de alerta. El SAR decide qué partes de la ingente cantidad de estímulos que recibimos en cada fracción de segundo merecen la pena de ser procesadas y las pone en un lugar más destacado de nuestra consciencia.

Si eres madre, estoy segura de que cuando estabas embarazada e ibas por la calle encontrabas embarazadas por todos lados. ¿Es que acaso hubo un *babyboom* el año que tú estuviste embarazada? O, cuando dejaste aquella relación de pareja, de repente solo veías tortolitos cogidos de la mano por la calle, o cuando quisiste comprar un coche nuevo y de repente solo veías esa marca y modelo por todos lados.

Te diré algo, las embarazadas, las parejas y los coches..., todo ello ha estado ahí siempre, simplemente tú no te fijabas en ellos. Eso es cosa del SAR.

Si ahora te paras a pensar en todas tus creencias limitantes, te darás cuenta de qué manera el SAR influye directamente sobre ellas. **El SAR hará que te fijes únicamente en aquellos aspectos negativos que confirman tus creencias** y prestarás atención solamente a aquellos aspectos limitantes de tu vida y de tu persona, obviando los que desafían tales creencias. Por eso es tan importante que, deliberadamente, pongas el foco de atención en los elementos que te permitan desafiar tus creencias limitantes y transformarlas en creencias potenciadoras.

—Por muy sorprendente que pueda parecerte, las creencias se hacen realidad, tanto las limitantes como las potenciadoras. Si has tenido numerosas experiencias negativas con tus parejas, es probable que tu cerebro grabe el mensaje «Como me ha ido siempre mal con los chicos, me seguirá yendo mal en el futuro». Del mismo modo que si siempre te ha resultado fácil encontrar trabajo, e incluso no has tenido siquiera que salir a buscarlo para que vengan a ofrecerte un nuevo empleo, tu mente grabará el mensaje «Es muy fácil para mí encontrar un buen trabajo». Ambas informaciones se graban a fuego en el cerebro y actúan como un poderoso predictor del futuro. Es lo que se conoce como **profecías autocumplidas.** Estas profecías no son otra cosa que pensamientos predictivos que incrementan las probabilidades de que aquello que se predice ocurra finalmente.

»Las profecías autocumplidas pueden ser positivas o negativas. Robert Weinberg y Daniel Gould declararon que las profecías autocumplidas negativas son barreras psicológicas que provocan un círculo vicioso: la expectativa de fracaso conduce a un fracaso real, lo que desciende la autoimagen e incrementa las perspectivas de fracasos futuros. Pues con las profecías positivas ocurre exactamente lo mismo, pero en su versión deseable: la expectativa de éxito conduce a la persona a tomar las decisiones y llevar a cabo las actuaciones oportunas para lograr una meta particular, haciendo que la expectativa se termine cumpliendo. Esto es lo que se conoce como **efecto Galatea**. Así, la confianza en la propia capacidad y en el propio potencial se termina convirtiendo en un poderoso motor que impulsa a alcanzar nuevos objetivos significativos —expliqué con detalle a Carla, que escuchaba atentamente.

—Entonces, ¿del mismo modo que tengo el poder de destruir, también tengo el poder de crear? —preguntó.

—Así es. Lo primero que tienes que hacer es averiguar cuáles son tus creencias limitantes para a continuación transformarlas —afirmé.

—¿Y cómo puedo saber las que tengo?

—Vamos a trabajar en ello juntas —le dije.

Identificar creencias limitantes

Existen tres tipos de creencias que se manifiestan en tres esferas distintas. Veamos:

Creencias de capacidad

Creencias de que algo es posible en general, aunque sea realmente difícil de conseguir, es decir, que los demás pueden conseguir cosas, pero uno mismo se niega esa posibilidad, por sus circunstancias o sus capacidades. Responden por tanto a la pregunta **«¿Soy capaz?».** Ejemplos de este tipo de creencias son:

- «No sé estudiar y tengo muy mala memoria, no puedo aprender un nuevo idioma a mi edad.»
- «Soy incapaz de salir de fiesta sin beber alcohol.»
- «No se me da bien conocer gente nueva. Nunca encontraré pareja.»
- «A mi edad es imposible conseguir un nuevo trabajo.»

Creencias de posibilidad

Creencias, muy basadas en prejuicios personales, de que algo es imposible en general, tanto para uno mismo como para los demás. Son creencias que inmovilizan porque llevan a la persona a pensar que hay cosas que sencillamente son imposibles de lograr (me refiero, por supuesto, a aquello que sí es objetivamente realizable). ¿Para qué intentar algo que es imposible? Según estas creencias, no merece la pena. Derivan de la pregunta **«¿Es posible?».** Ejemplos de esta creencia:

- «Ser madre trabajadora es incompatible con estudiar una carrera.»
- «No existe la amistad entre hombres y mujeres.»
- «Si eres jefa, no puedes tener buena relación con los trabajadores. Caes mal y todos te critican a tus espaldas.»

Creencias de justicia o merecimiento

Uno mismo se boicotea creyendo que no merece conseguir algo, que no es justo para él. Esta creencia está típicamente relacionada con la idea de que las cosas solo se merecen si detrás hay un enorme sacrificio y sufrimiento para lograr algo; así, cuando se consiguen cosas sin tener que hacer un gran esfuerzo, muchas personas tienden a pensar que no son merecedoras o incluso son impostoras y no merecen el reconocimiento que tienen o los puestos de trabajo que ocupan. Estas creencias derivan de la pregunta **«¿Es justo para mí?».** Algunos ejemplos son:

- «No merezco ir dos días al gimnasio mientras mi pareja se queda con los niños.»
- «No es justo tener los amigos que tengo. No les dedico el tiempo que se merecen.»
- «No merezco este ascenso. No estoy a la altura y tarde o temprano los demás se darán cuenta.»

Como has comprobado en los ejemplos, estas tres creencias pueden aparecer en tres esferas distintas: personal, social y profesional.

Como podrás intuir, hay miles de creencias limitantes, así que déjame que te ilustre un buen puñado de las más comunes. Te animo a leerlas con atención y marcar aquellas que te resuenen y que creas tener:

- **No puedo** expresar lo que pienso y siento o me quedaré solo, hablar en público con seguridad, ser autónomo y vivir tranquilo, tomar buenas decisiones, lograr mis sueños, aprender idiomas, conseguir un ascenso, aprobar una oposición, ser feliz en mi trabajo, tocar un instrumento, hacer dieta y disfrutar del proceso, confiar en los demás...
- **No tengo tiempo para** mí, para cambiar de trabajo, para estudiar una carrera, para salir más con mis amigos, para descansar, para hacer lo que me apetezca...
- **Necesito** formar una familia, tener pareja, mucho dinero, tener buen aspecto, tener un trabajo fijo, tener una casa en propiedad, estar delgado... para ser feliz.
- **No tengo derecho a** decir lo que pienso, a expresar mis opiniones, a tener tiempo para mí, a descansar, a quejarme, a ser feliz, a cometer errores...
- **No merezco** ser amado, tener éxito, la atención de los demás, vivir tranquilo, ser respetado en mis decisiones...
- **Es imposible** perdonar una infidelidad, prosperar sin dejarte la piel en ello, encontrar trabajo a partir de los cincuenta, ser autónomo y vivir sin preocupaciones, ser jefe y caer bien a los empleados, ser rico y humilde a la vez, ser político y buena persona a la

vez, encontrar una pareja que me trate bien, ser feliz sin un buen sueldo...

- **No valgo** como madre/padre, para estudiar, para los idiomas, para la música, para cocinar, para la informática, para enseñar...
- **Soy incapaz** de comer sano, de dejar el azúcar, de hacer deporte, de pedir perdón, de llevarme bien con esa persona, de cambiar de opinión...
- **Es difícil** conocer gente con mis intereses, perdonar, aprender a conducir, ser feliz...
- **No es correcto/no está bien** decir palabrotas, disfrutar del sexo, cometer errores, pensar primero en uno mismo, decir que no...
- **La vida** es dura, difícil, injusta, cuesta muchísimo esfuerzo...
- **Yo soy** tonto, inferior a los demás, incapaz, no tengo remedio...
- **La gente es** falsa, envidiosa, tiene muy poca vergüenza y poca consideración, es egoísta, es responsable de todo lo malo que me pasa, es interesada, critica a quien tiene éxito en la vida, se enfada si dices lo que piensas, se aprovechará/se alejará de ti si tienes éxito...
- **Mi pareja tiene que** hacer todo conmigo, saber lo que necesito en todo momento, decirme que me quiere, compartir lo que a mí me gusta, me tiene que complacer en todo...
- **La familia** siempre es lo primero, es lo más importante en la vida, es fundamental para ser feliz...

- **El dinero** da la felicidad, es necesario para conseguir cualquier cosa, da prestigio, solo se consigue echando horas en el trabajo...
- **Los hombres son** todos infieles, solo piensan en el sexo, no son de fiar, son agresivos, son básicos, son primitivos, son incapaces de expresar sus emociones...
- **Las mujeres son** unas arpías, malas, rebuscadas, complicadas, falsas, sensibles, débiles...

Ahora que has visto las creencias limitantes más frecuentes, te toca a ti identificar las tuyas. No lo pienses mucho, deja que fluya tu inconsciente y escribe lo primero que te venga a la mente para terminar las siguientes afirmaciones:

No puedo

No valgo para

Es imposible

...

No me merezco

...

Debería

...

No debería

...

Necesito

...

Soy incapaz de

...

Es difícil

No es correcto/no está bien

La gente

La familia

La pareja

El trabajo

El dinero

La vida es

Yo soy

Enhorabuena, has detectado tus principales creencias limitantes. Sin embargo, te voy a pedir un poco más, porque aquí no ha terminado esta fase de reconocimiento. Tus creencias limitantes se manifiestan constantemente en tu día a día y en todas las parcelas de tu vida, así que te propongo el siguiente ejercicio para que te asegures de que no se te escapa ninguna. Consiste en identificar las creencias que aparecen en cada una de las parcelas personal, social y laboral según el tipo de creencia (capacidad, posibilidad y merecimiento).

Creencias de capacidad

Personal (ej.: «No soy suficientemente inteligente»).

Social (ej.: «No sé sacar buenos temas de conversación»).

Profesional (ej.: «No tengo capacidad de liderar un equipo»).

Creencias de posibilidad

Personal (ej.: «No puedo hacer deporte por las mañanas antes de ir al trabajo»).

Social (ej.: «No tengo tiempo para estar con mis amigas»).

Profesional (ej.: «Es imposible cambiar de trabajo a estas alturas de mi vida»).

Creencias de merecimiento/justicia

Personal (ej.: «Con lo poco que me esfuerzo, merezco que las cosas me vayan mal»).

Social (ej.: «Con lo mal que lo he hecho, no merezco que mis hijos me quieran»).

Profesional (ej.: «No es justo que me asciendan, soy una impostora»).

—Muy bien, Carla, has hecho muy buen trabajo y has identificado varias creencias limitantes. ¿Cuál te gustaría trabajar primero? —le pregunté.

—Antes debo decirte que estoy alucinada por la cantidad de creencias que tengo y de las que no era consciente para nada. Creo que, al hilo de lo que te he contado antes, me gustaría trabajar en mi creencia de que necesito este trabajo para mantener mi estilo de vida —apuntó.

—Perfecto, pienso que será fantástico empezar por ahí. Pues bien, una vez que tienes clara la creencia de la que quieres deshacerte, debes saber que está ahí para protegerte de algo que será preciso que averigües.

—¿En serio? —preguntó sorprendida.

—Así es. Esas creencias se mantienen porque tienen una intención positiva, un porqué para seguir a tu lado desde hace tantísimos años. Cuando entiendes la intención positiva de tus creencias limitantes, entonces estás lista para deshacerte de ellas.

Las creencias están ahí por algo bueno

Toda creencia, tanto la que limita como la que da alas, está ahí por una buena razón: ayudarte, protegerte, advertirte... Es lo que se conoce como *intención positiva.* Como lo oyes, amigo. Aunque parezca paradójico, **una creencia limitante también tiene beneficios.** Piénsalo por un momento: ¿qué beneficios puede tener creer que emprender es imposible en los tiempos que corren? ¿Qué intenta hacer esa creencia por la persona que cree firmemente esto? Si lo piensas un momento, verás que probablemente está protegiendo la estabilidad laboral y financiera de esta persona, a la vez que la está ayudando a quedarse tranquila y feliz con el trabajo que tiene bajo el lema de «Más vale pájaro en mano que ciento volando». Tiene sentido, ¿verdad?

Comprender la intención positiva de tus creencias limitantes te dará la clave para transformarlas en creencias potenciadoras. Pero antes de hacer esto tienes que entender que va a requerir trabajo y esfuerzo por tu parte. La mayoría de esas creencias, como sabes, están ahí desde tu infancia. Y solo tú puedes cambiarlas. Nadie, absolutamente nadie, puede hacerlo por ti. Por muy buenos que sean los argumentos de los demás para desafiar tus creencias, hasta que no lo compruebes por ti mismo, no te los vas a creer. **Y para creer hay que ver.** Pues lo dicho, hasta que no lo veas con tus propios ojos, nada de lo que te digan va a surtir el menor efecto en ti.

—Carla, voy a ayudarte a averiguar la intención positiva de esta creencia. ¿Preparada?

—¡Vamos! —dijo con entusiasmo.

—¿Qué beneficios piensas que tiene creer que necesitas este trabajo para vivir? —le pregunté.

—Supongo que me protege de tener que buscar otro empleo, de que me encuentre aún peor en otro trabajo, de perder a las amigas que he hecho aquí, de sufrir dificultades económicas, de no poder mantener mi piso en Barcelona y tener que volver a casa de mis padres, cosa que no me gustaría para nada. Va a resultar que hasta le voy a tener que dar las gracias a esta forma de pensar —dijo riendo.

—Pues sí, verás que al final del proceso le darás las gracias para decirle adiós para siempre.

—¿Y ahora, qué? —preguntó.

—Ahora toca reformular tu creencia teniendo en cuenta su intención positiva. ¿Y si le das la vuelta a ese pensamiento limitante? ¿Cómo cambiarías el enunciado de tu creencia teniendo en cuenta el miedo del que quiere protegerte?

—Sería algo así como: «Puedo mantener mi estilo de vida con cualquier otro trabajo en el que reciba un sueldo similar al que tengo ahora».

—¡Genial! Fíjate en la importancia de las palabras y en cómo estas influyen en nuestras emociones. Cambiar la forma en que te diriges a ti misma es clave. ¿Cómo te hace sentir esta nueva creencia? —le pregunté a Carla.

—Un poco mejor, aunque no me la creo del todo, la verdad.

—Lógico, porque aún no has podido comprobar si es cierta o no. Imagina que te vendo los ojos y te llevo muy cerca de un precipicio. Ahí hay un peligro real. Lo sabes y te asusta. Imagina que yo te digo que des diez pasos al frente, que no te preocupes y que confíes en mí. Que yo he hecho el mismo camino que vas a hacer tú y nada malo me ha ocurrido. Te garantizo que hay suelo firme y el precipicio queda aún lejos de esos diez pasos que yo te animo a dar. Probablemente te costará confiar y, a cada paso que des, sentirás el vacío bajo tus pies. Sin embargo, si logro convencerte de que puedes, de que es un lugar seguro, con muchísimo miedo e inseguridad pondrás un pie y darás el primer paso, pero cuando compruebes que no ha ocurrido nada malo de lo que imaginabas, te verás más capaz de dar el segundo paso. Y después el tercero. Y a cada paso que des, irás cogiendo más y más confianza. Porque habrás comprobado por ti misma que todo está bien y que ninguna de tus predicciones terribles se cumple.

—Ya entiendo. Así que, si quiero vencer las creencias que me dan miedo, ¿tengo que enfrentarme a ellas? —preguntó con mucha atención.

—Así es, sin exposición no hay verdadera superación. Deberás exponerte a todo aquello a lo que le tienes miedo poco a poco. Eso sí, póntelo fácil: primero un pie y después el otro, y verás cómo vas cogiendo cada vez más y más seguridad. Pero antes de exponerte, te propongo un ejercicio para coger fuerzas.

—Sí, creo que me hará falta una buena dosis de valentía.

—De acuerdo, llegadas a este punto, te propongo que busques en tus recuerdos situaciones pasadas en que hayas podido comprobar que tus creencias limitantes eran falsas y estaban solo en tu mente.

—No se me ocurre ninguna ahora mismo —dijo después de pensar un buen rato.

—Piensa en algo que en su día te pareciera imposible y que después pudiste comprobar que no lo era.

—Ah, sí, ¡claro! Desde niña escuché a mis padres decir lo difíciles que se estaban poniendo las cosas para los jóvenes a la hora de encontrar trabajo y siempre creí que me costaría mucho hacerlo. Juro que me pasé todos los años de carrera pensando que sería complicadísimo entrar en el mercado laboral. Mi suerte fue que la empresa donde hice las prácticas de la carrera me ofreció un contrato y desde entonces siempre he trabajado.

—Carla, eso no es suerte. Eso es el resultado de tus decisiones y de tu trabajo —apunté.

—Tienes razón. Si no hubiera decidido estudiar ADE, si no hubiera elegido yo ese centro de prácticas, si no me hubiera esforzado como lo hice... —reflexionó.

—Ese es un buen ejemplo —expliqué—. Si buscas en tus recuerdos, sin duda encontrarás situaciones donde lograste aquello que hoy te parece imposible. Descubrir que en un tiempo pasado fuiste capaz de salir airosa de una situación conflictiva que hoy en día te limita hará que veas que dispones de todos los recursos necesarios para conseguir todo aquello que tu creencia limitante no te permite lograr. Carla, te animo a que cada vez que identifiques una creencia limitante recuerdes que en el pasado también creías que había cosas que eran imposibles, pero tú misma comprobaste que no lo eran —le dije con un guiño.

Es tu turno, te propongo que pienses en alguna situación de tu pasado que en su día te pareciera imposible de superar o de alcanzar. Por ejemplo, sacarte el carné de conducir, aprender a tocar un instrumento, encontrar una pareja que te quisiera como necesitabas, sacar unos estudios adelante, montar un negocio, encontrar un trabajo determinado, tener unos ingresos concretos..., cualquier cosa. ¿Te acuerdas de que antes de lograrlo te parecía imposible? Incluso me apuesto lo que quieras a que durante el proceso estuviste a punto de renunciar a ese objetivo por lo difícil que se te estaba haciendo... Pero, fíjate, ¡lo lograste! Y no fue suerte, fue la suma de decisiones, trabajo y esfuerzo, la que te llevó a lograrlo. Te animo a escribir alguna experiencia pasada en estas líneas:

CREENCIA LIMITANTE DEL PASADO	EXPERIENCIA POSITIVA QUE DESAFÍA LA CREENCIA

Te lanzo una reflexión muy importante: **¿qué hubiera ocurrido si aquella creencia te hubiera frenado? ¿Dónde estarías hoy?**

A partir de ahora, cuando detectes una creencia que te frena, recuerda que en el pasado también creías firmemente en cosas que al final demostraste que no eran ciertas. Y creciste. Y aún tienes que crecer mucho más. Y la única manera es superándote a ti mismo y exponiéndote a las cosas que te dan miedo.

«Para que pueda surgir lo posible, es preciso intentar una y otra vez lo imposible»,
Hermann Hesse.

Combate tus creencias limitantes

Las creencias están ahí por una razón. Es cierto. Pero si no las transformas van a seguir limitándote el resto de tu vida.

Te propongo ahora un ejercicio de transformación de tus creencias limitantes: piensa en un sueño que tengas y que aún no hayas hecho realidad porque te parezca imposible, te sientas incapaz o creas que no lo mereces. Por ejemplo, puede ser estudiar una carrera, ganar más dinero, cambiar de trabajo, comprarte una casita en la playa o tener ese descapotable que siempre has soñado en la puerta de casa.

Veamos un ejemplo:

1. Define de forma clara y concisa el objetivo que deseas lograr y los motivos por los que es importante para ti.

Ejemplo: «Quiero trabajar como diseñadora de moda. Mis motivos son que siempre me ha apasionado la moda y, desde que abandoné los estudios porque fui madre joven, no hay día que no piense en ello».

Puntúa del 0 al 10 las siguientes afirmaciones:

10	Mi meta es objetivamente posible.
2	Puedo lograr mi meta.
10	Merezco y es justo conseguir mi meta.

2. Identifica y escribe la creencia limitante: si has puntuado alguna afirmación con menos de 10 puntos, escribe exactamente lo que te pasaba por la mente cuando pensabas en cada una de las afirmaciones.

Ejemplo: «Es imposible ponerme a estudiar diseño de moda a mi edad y compaginarlo con el trabajo de ocho horas que tengo, la casa y los niños».

3. Encuentra la intención positiva de tu creencia limitante: recuerda que detrás de toda creencia hay una intención positiva. ¿De qué te está protegiendo esta creencia? ¿Trata de decirte algo bueno? ¿Te ayuda en algo?

Ejemplo: «Me está diciendo que no puedo llegar a todo. Tengo que organizar mejor mi tiempo».

4. Transforma el enunciado de tu objetivo para honrar la intención positiva: crea una hoja de ruta teniendo en cuenta la intención positiva. Define de nuevo tu meta teniendo en cuenta la intención positiva y especificando las acciones que vas a llevar a cabo para lograrla. Redefine la meta hasta que logres puntuarla con al menos ocho puntos en el test del punto 1.

Ejemplo: «Mi meta es estudiar el grado superior de Diseño de Moda en horario de tardes mientras mi pareja se encarga de los niños y la casa durante los próximos dos años».

Una vez redefinida la meta teniendo en cuenta la intención positiva de tu creencia limitante, ya no parece tan imposible, ¿verdad? Te animo a hacer este ejercicio antes de continuar con la lectura. ¡Adelante!

1. Define de forma clara y concisa el objetivo que deseas lograr y los motivos por los que es importante para ti:

Puntúa del 0 al 10 las siguientes afirmaciones:

- [ ] Mi meta es objetivamente posible.
- [ ] Puedo lograr mi meta.
- [ ] Merezco y es justo conseguir mi meta.

2. Identifica y escribe la creencia limitante:

3. Encuentra la intención positiva de tu creencia limitante: recuerda que detrás de toda creencia hay una intención positiva. ¿De qué te está protegiendo esta creencia? ¿Trata de decirte algo bueno? ¿Te ayuda en algo?

4. Transforma el enunciado de tu objetivo para honrar la intención positiva: crea una hoja de ruta teniendo en cuenta la intención positiva. Define de nuevo tu meta teniendo en cuenta la intención positiva y especificando las acciones que vas a llevar a cabo para lograrla. Redefine la meta hasta que logres puntuarla con al menos ocho puntos en el test del punto 1.

....

....

....

....

Convierte tus creencias limitantes en creencias potenciadoras

Si el ejercicio del apartado anterior no ha sido suficiente para transformar tus creencias y animarte a luchar por tus sueños, te propongo que una vez que hayas identificado tu creencia limitante, la reformules en positivo, es decir, conviértela en una nueva creencia, esta vez potenciadora. Por ejemplo: «Me merezco triunfar y ser feliz», «Puedo sacarme las oposiciones y conseguir una plaza fija», «Soy capaz de cuidar de mi familia», etc.

Para ello hazte las siguientes preguntas:

- ¿Qué hechos demuestran que esta creencia es cierta?
- ¿Qué hechos demuestran que esta creencia es falsa?
- ¿Qué te estás perdiendo en tu vida por mantener esta creencia?
- ¿Esta creencia te ayuda en algo? ¿Es positiva para ti?
- ¿Sientes bienestar o malestar con esta creencia?
- ¿Para qué te sirve esta creencia?
- ¿Con quién o con qué te estás comparando para sostener esta creencia?
- Esta creencia... ¿te abre o te cierra oportunidades?
- Después de este análisis, ¿quieres continuar manteniendo esta creencia?

Estas preguntas tienen la finalidad de que tomes conciencia de cómo te estás limitando en la vida al mantener estas ideas. Trata de responder con sinceridad a cada una de ellas y disponte a exponerte, a arriesgar con toda tu alma para demostrarte que esto son solo creencias, no hechos.

Por último, pero no por ello menos importante, te animo a dar las gracias a estas creencias antes de decirles adiós para siempre. Quédate con lo bueno y descarta lo malo apartándolo de ti.

EN RESUMEN

- Somos capaces de hacer mucho más de lo que creemos, aunque nuestro cerebro se esfuerce a veces por convencernos de lo contrario.
- Día a día, casi sin darnos cuenta, le ponemos barreras a nuestro desarrollo personal, y lo peor es... que se las ponemos nosotros mismos por culpa de limitaciones que creemos tener. Y que no dejan de ser eso: creencias, no hechos.
- Tienes la capacidad de cambiar tu vida ahora mismo si quieres. No te pongas trabas y recuerda:

«Los sueños parecen al principio imposibles, luego improbables, y luego, cuando nos comprometemos, se vuelven inevitables»,
Mahatma Gandhi.

CAPÍTULO 8

Resiliencia y superación personal

—Estoy superorgullosa de mí. ¡He dejado el trabajo! Pero estoy muerta de miedo —anunció a su llegada a la consulta.

—Pero ¿qué me dices? ¿Qué ha pasado? —pregunté sorprendida.

—Pues que las últimas semanas se volvieron una pesadilla. Ya sabes lo cansada que estaba de mi jefe, de la presión y el estrés y dije «basta». Como sabes, había empezado a intentar irme a mi hora, pero me han estado dando más trabajo que nunca, supongo que para que no pudiera terminarlo dentro de mi jornada laboral. Y después de todo el trabajo que hice las últimas sesiones contigo para combatir mis creencias limitantes en relación con el trabajo, he llegado a la conclusión de que soy muy joven para aguantar este mal rollo y que merezco luchar por mis sueños. Tiene que haber otros trabajos con los que poder vivir mejor que ahora.

—¡Guau! Estoy muy impresionada con tus avances.

—Y yo, pero tengo a mis padres superenfadados conmigo, porque dicen que esto no es una decisión madura y no aprueban lo que estoy haciendo. Además, estoy muerta de miedo, porque al irme yo de la empresa no tengo derecho a paro y no sé cómo voy a hacer para mantenerme hasta que encuentre otro trabajo —dijo con cara de preocupación.

—Carla, cuando uno se lanza a la piscina, tiene que asegurarse de que al menos hay un poquito de agua, para no caer al vacío. ¿Ya has anunciado que te vas?

—Sí, fue un calentón, ya sabes lo impulsiva que soy, pero no estoy loca. Tengo ahorros para vivir unos cuantos meses sin problemas. Lo comuniqué el viernes pasado, después de una bronca monumental de mi jefe. Al fin y al cabo, ya hace meses que vengo pensando que este trabajo no es para mí. Yo quiero hacer otras cosas en mi vida porque esto no me hace feliz. Ya no lo disfruto y siento que el final de este ciclo ha llegado hace tiempo. No lo había hecho antes por falta de valentía. Pero ahora me siento más segura de mí misma y más capaz de enfrentarme a nuevos retos. Y, sobre todo, me siento muy motivada para hacer en todo momento lo que me haga feliz a mí, no solo a mis padres. Y si ellos no me aprueban, lo comprendo. Supongo que estarán tan asustados como yo, pero no necesito su aprobación, porque con la mía me basta —dijo convencida.

—No tengo palabras. ¡Me quito el sombrero! Te deseo muchos éxitos en esta nueva etapa que estás a punto de empezar. ¿Has pensado ya qué quieres hacer a partir de ahora?

—La verdad es que no, pero tengo un sueño desde que era niña y últimamente, no sé por qué, no me lo quito de la cabeza. Es absurdo y no tiene ningún sentido —dijo tímidamente.

—Cuéntame —la animé.

—Siempre me ha encantado cocinar. Soy la reina a la hora de hacer unos platos geniales con restos que encuentro en la nevera. El año pasado hice un curso de cocina de autor por puro placer... Aprendí auténticas virguerías que pongo en práctica con mis amigas cada dos por tres. Al grano..., siempre me ha llamado mucho la atención tener mi propio restaurante o cafetería, no lo sé... Nunca lo he terminado de definir, porque siempre pensé que era un sueño absurdo.

—¿Absurdo por qué? —pregunté.

—Porque dicen que la hostelería es muy esclava y porque no he trabajado nunca en este sector. No tengo ni idea de cómo llevar un negocio así.

—Bueno, tampoco tenías ni idea de cómo funcionaba un departamento de compras de una multinacional hasta que te pusiste, ¿cierto?

—Totalmente —dijo sonriente—. Y ahora siento que controlo el sector, al menos el mío.

—Pues lo mismo te ocurriría si emprendieras en un negocio de estas características. La vida es aprendizaje. Unas veces se gana y otras se aprende. Pero, suceda lo que suceda, te puedes llevar grandes experiencias.

—Es verdad. Pues a lo mejor no es una locura tan grande. Lo que tengo claro es que, si no es imposible para otros, ¿por qué debería serlo para mí? —dijo Carla.

—Esa es la actitud de una persona resiliente.

—Resi... ¿qué?

—Resiliente, una persona que es capaz de superar sus dificultades y salir fortalecida de la experiencia —le expliqué.

—Bueno, yo aún no sé si voy a salir fortalecida de todo esto o me voy a pegar un tortazo monumental, tal como dicen mis padres.

—Pues para que puedas aprovechar bien todos los aprendizajes de lo que ha ocurrido y de lo que está por venir, permíteme que te dé las claves para aumentar la resiliencia y superarte a ti misma.

—Sí, ¡por favor!

El poder de seguir adelante

El *kintsugi* es una técnica artística japonesa que consiste en reparar los objetos de cerámica que se han roto con una mezcla de resina y polvo de oro. Los japoneses consideran que algo que tiene historia y que ha sufrido un daño se vuelve más hermoso todavía. En ningún caso pretenden disimular u ocultar los defectos o las grietas, al contrario. Los acentúan y los celebran ensalzando su belleza con el polvo de oro. Esto es exactamente la resiliencia, también conocida como «el arte de rehacerse, de recuperarse de una herida y de hacerse más fuerte con ello».

En la vida pueden ocurrirte cosas que te hagan romperte en mil pedazos, pero, como si de una hermosa vasija de cerámica se tratara, siempre puedes volver a juntar tus pedazos y reconstruirte de nuevo, esta vez siendo incluso más fuerte y bella que antes.

La palabra *resiliencia* proviene del latín *resilio*, que significa 'saltar', 'rebotar' o 'retroceder'. En física, el término hace referencia a la capacidad de un material de volver a su forma original después de ser sometido a ciertas cargas o impactos, una vez que estos cesan.

Dicho esto, es fácil comprender que en psicología la **resiliencia** haga referencia a la **capacidad que tienen algunas personas para rehacerse ante los acontecimientos adversos** o las dificultades, para salir adelante a pesar de padecer experiencias traumáticas y no ceder a la presión que suponen dichos obstáculos en la vida.

La resiliencia ha estado tradicionalmente asociada a la superación de eventos traumáticos, pero que un suceso sea vivido como traumático o sencillamente como adverso o estresante depende exclusivamente de la interpretación que haga la persona.

Situaciones adversas las hay de todos los tipos: un robo, un accidente, perder un vuelo, llegar tarde a una cita, que se rían de ti, perder el trabajo, que tus necesidades no sean tenidas en cuenta..., y aquí lo dejo, porque no pararía de escribir cosas que pueden generar grandes repercusiones en la vida de la persona que las sufre a menos que tenga elevados niveles de resiliencia. Todos, en algún momento de nuestras vidas, pasamos por dificultades, problemas y complicaciones y ser capaces de vivir estas experiencias con una actitud positiva y verlas como oportunidades de aprendizaje y crecimiento marcará una gran diferencia.

La definición de *resiliencia* que más me gusta es la que recoge Rocío Guil en su estudio *Bienestar psicológico percibido, optimismo y resiliencia en mujeres con cáncer de mama*, en el que la define como la capacidad de las personas de generar respuestas de crecimiento y maduración personal, sin negar la experiencia de la adversidad experimentada, dándole a esta un significado o sentido. Se trata de un proceso reparador que permite encontrar una explicación a lo ocurrido y que da lugar a un aumento de la autoestima, una mayor apreciación de la vida y de su significado, un aumento de la espiritualidad y mayores sentimientos de calma, de paz y de sentido.

«Es durante nuestra peor caída cuando morimos o aprendemos a volar», Sira Masetti.

Se ha demostrado que las personas que mantienen una **actitud positiva y optimista** ante la adversidad gestionan mucho mejor las consecuencias físicas y emocionales que se puedan derivar porque:

1. Favorecen una interpretación más sana y realista de las adversidades.
2. Son personas más orientadas a resolver los problemas en general.
3. Hacen una búsqueda activa de apoyo social.
4. Se implican activamente en su proceso de adaptación y se enfrentan a los cambios de un modo más funcional.
5. Focalizan su atención en aquello que funciona correctamente y no tanto en lo que han perdido o ha cambiado.

6. Ven oportunidades donde otros solo son capaces de ver pérdidas.
7. Expresan abiertamente sus emociones.
8. Buscan información sobre lo ocurrido y cómo otros han afrontado circunstancias similares, para resolver así la incertidumbre que aparece ante situaciones nuevas y desconocidas.

No está nada mal, ¿verdad?

La persona resiliente nace o se hace

Nelson Mandela, Mahatma Gandhi, Albert Einstein, Frida Kahlo, Oprah Winfrey, Malala..., hay muchos personajes archiconocidos que han brillado a lo largo de la historia por su elevada resiliencia y que son fuente de inspiración para muchos.

Lógicamente existen algunos factores innatos que facilitan el desarrollo de la resiliencia, tales como el temperamento positivo y optimista, la apariencia física, la inteligencia y el estado de salud. Sin embargo, la buena noticia es que la mayoría de los factores que promueven la resiliencia pueden aprenderse y desarrollarse.

La resiliencia es una habilidad que puede ser entrenada y perfeccionada. Pero debes tener en cuenta que no se trata de una capacidad absoluta que una vez desarrollada te acompaña para siempre en cualquier contratiempo. Ojalá fuera así de sencillo. La resiliencia es el resultado de la interacción constante entre la persona y sus circunstancias, por lo que debe ejercitarse con las estrategias que vas a descubrir un poquito más adelante. Pero antes, déjame que te describa las características de una persona resiliente. Te animo a considerar cuántas de estas posees tú en este momento de tu vida. ¡Adelante!

Marca con una cruz aquellas afirmaciones que, con total honestidad, crees que te representan, para así valorar tu resiliencia:

☐ Posees una buena capacidad de gestión de tus emociones y eres capaz de interpretar las cosas que te ocurren de forma lógica y objetiva huyendo de visiones catastrofistas y victimistas.

☐ No te derrumbas ante las dificultades y tienes una buena capacidad de resolver conflictos y problemas.

☐ Tienes un gran autoconocimiento y sabes perfectamente qué necesitas, qué te hace bien y qué no te conviene en absoluto.

☐ Tienes un estilo de pensamiento flexible y te adaptas con facilidad a los cambios.

☐ Eres capaz de detectar la causa de tus problemas y tienes una actitud proactiva para evitar tropezar dos veces con la misma piedra.

☐ Ante las dificultades, no te hundes y las interpretas como oportunidades de cambio y de mejora.

☐ Tienes una elevada autoconfianza y dispones de los recursos necesarios para hacer frente a lo que esté por venir.

☐ Manejas adecuadamente las frustraciones y aceptas con facilidad las cosas tal cual son.

☐ Eres capaz de mantener la calma en momentos de mucha presión.

☐ Eres capaz de pedir ayuda y tienes un entorno que te apoya y te quiere.

☐ Tienes un buen control de tu foco de atención y sueles estar enfocado en el momento presente, evitando activamente poner tu atención en el pasado y/o en el futuro.

☐ Eres optimista y capaz de encontrar el lado positivo a todas las cosas que vives.

¿Cuántas de estas características posees en este momento?

Si no has podido marcar la mayoría, no sufras. A continuación, te explico cómo puedes desarrollar esta fortaleza personal y superar los obstáculos que te presente la vida.

Estrategias para desarrollar la resiliencia y superar adversidades

Acepta la realidad

Ocurren tantas cosas a lo largo de la vida que escapan a nuestro control que eso puede llegar a generar elevados niveles de estrés como consecuencia directa de la incertidumbre. Pero estas son las reglas del juego, y aquí hemos venido a vivir. Y vivir implica arriesgar. Y cuando se arriesga, **unas veces se gana y otras se aprende.** Cuando las cosas salen como esperamos es maravilloso, pero ¿qué ocurre cuando es al contrario? Pues que no queda otra que aceptar.

Aceptación no es resignación.

La **resignación** lleva implícita una actitud pasiva de conformarse con lo ocurrido y que provoca un estado de ánimo bajo que predispone a la persona a ser más vulnerable a futuros acontecimientos adversos. Por el contrario, la **aceptación** implica una actitud más positiva y proactiva, al comprender que la vida puede ser diferente tras el suceso, pero no necesariamente peor que antes y que de este suceso se pueden extraer grandes aprendizajes que servirán para enfrentar acontecimientos presentes y futuros. Es decir, desde la aceptación se acogen las circunstancias tal cual se dan, pero al mismo tiempo se emprenden las acciones necesarias para mejorar dichas circunstancias.

Imagina un deportista que se gana la vida con el deporte y se rompe una pierna. No es culpa suya, ha sido un accidente y esto son «cosas que pasan». Tiene dos opciones: resignarse y esperar pasivamente a que la lesión se cure o bien aceptar este accidente como algo que podía ocurrir en su práctica deportiva e iniciar lo antes posible los ejercicios de rehabilitación para fortalecer sus músculos y prepararse para volver al terreno de juego. Probablemente el tiempo que tarde en volver a hacer deporte sea el mismo, pero sin duda la vivencia de una actitud u otra será radicalmente distinta, ¿no te parece?

Hay una diferencia entre tener un PROBLEMA y tener un DRAMA. Los problemas tienen solución, así que ¡a buscar soluciones! Los dramas, sin embargo, hay que sufrirlos, no queda más remedio, no hay que evadirse a través de drogas, comida u otros comportamientos desadaptativos, sino confiar en que el tiempo atenúa considerablemente el dolor. Los malos momentos hay que pasarlos, sí o sí. Hacerlo desde la aceptación permite transitarlos de la mejor manera posible.

Elimina la queja y busca soluciones

Cuando estás en modo queja, activas un radar de negatividad en tu mente y haces que tu cerebro conecte únicamente con las cosas negativas que hay a tu alrededor, bloqueando el impacto positivo que pueda tener cualquier experiencia agradable.

Quejarte no te va a aliviar el malestar en absoluto, al contrario, va a añadir más dolor, dado que estarás poniendo el foco en el lado más oscuro y ahí no hay nada que te pueda hacer sentir bien. Donde sí vas a encontrar alivio es poniendo el foco atencional en lo que puedes hacer tú para mejorar tu situación o para resolver el problema que tengas. Eso sí, mucho ojo: quizás no puedas resolver el problema por completo o como a ti te gustaría, pero **hacer cosas proactivamente** para mejorar tus circunstancias te hará sentir que tienes **mayor control** de la situación y de ti mismo, te dará un elevado sentimiento de **capacidad** y te **empoderará** para enfrentarte a dificultades futuras.

Si un problema tiene solución, ¿para qué vas a preocuparte? No te preocupes, ocúpate.

Para ello te propongo un método clásico, pero supereficaz: **la técnica de solución de problemas en cinco pasos** que D'Zurilla y Goldfried diseñaron para encontrar soluciones nuevas a cualquier tipo de problema.

1. **Define el problema.** El primer paso para resolver cualquier conflicto o dificultad de manera eficaz es definir el problema de la forma más precisa y objetiva posible: describir con detalle la situación y la res-

puesta habitual en términos de quién, qué, dónde, cuándo, cómo y por qué. Por tanto, en esta primera fase se debe aclarar y comprender la naturaleza del problema y especificar metas y objetivos realistas.

2. **Busca alternativas de solución.** Este segundo paso es el más creativo de todos. Se trata de escribir el mayor número posible de alternativas de solución al problema, evitando por el momento la evaluación de las alternativas y concentrándonos solo en producir cuantas más soluciones mejor, bajo la premisa de que la cantidad aquí es más importante que la calidad de las alternativas. Así pues, se excluyen las críticas, todo vale, prima la cantidad y variedad a la calidad, siendo importante la combinación de ideas para mejorarlas. El objetivo es disponer de tantas soluciones alternativas como sea posible, de manera que se maximice la probabilidad de que la mejor solución se encuentre entre ellas.
3. **Evalúa pros y contras y toma tus decisiones.** Es el turno de evaluar cada una de las posibles soluciones. Debes utilizar el juicio y la crítica. Para ello necesitas hacer un análisis coste-beneficio de las consecuencias para cada una de las soluciones que has propuesto, y así poder identificar la más efectiva para ponerla en marcha. Debes elegir aquella que maximice las consecuencias positivas y minimice las consecuencias negativas.
4. **Ejecuta la solución elegida.** Ahora toca operativizar la manera de llevar a cabo la solución elegida en el punto anterior (dónde, cómo, cuándo...), definiendo y concretando los pasos para llevar a cabo la solución.

5. **Verifica el resultado.** El último paso del proceso de solución de problemas consiste en evaluar los resultados obtenidos. Puede resultar útil puntuar de 0 a 10 el grado de éxito para resolver el problema. Si el resultado es satisfactorio, darás por finalizado el problema. Si por el contrario no lo es, debes considerar de nuevo la lista de soluciones alternativas y repetir el resto de los pasos hasta la resolución satisfactoria del problema.

TÉCNICA DE D'ZURILLA Y GOLDFRIED

Define el problema

Busca alternativas de solución

Evalúa pros y contras y toma tus decisiones

Ejecuta la solución elegida

Verifica el resultado

Busca (y encuentra) el lado bueno de las cosas

Para desarrollar la resiliencia y superar adversidades es imprescindible que aprendas a ver el lado bueno de las cosas. Y para verlo hay que buscarlo. Porque a veces está tan escondido que, si no haces un gran esfuerzo, lo único que verás de entrada será oscuridad.

Ver el lado bueno no es un autoengaño. ¡Para nada! **Cuando miras el lado bueno, no niegas el lado malo,** pero sí haces un esfuerzo por «quedarte» con la parte positiva: la del aprendizaje, la de las cosas que sí están bien, la de las cosas buenas que ocurren «gracias» a ese suceso malo.

Veamos un ejemplo: imagina que la empresa en la que trabajas desde hace veinte años se ha ido a pique y has perdido tu empleo. Esta situación tiene una parte mala, está claro: tener que buscar activamente empleo a cierta edad después de tantos años de estabilidad laboral y económica no es para nada agradable, pero... puede ser la oportunidad para tomarte un descanso después de tantos años de no parar, puede ser la oportunidad de estudiar de nuevo, puede ser la oportunidad de hacer cosas de forma distinta y trabajar en otro sector los próximos años de tu vida, puede ser la oportunidad para sentir el amor y el apoyo de las personas a las que quieres... De ti depende lo que va a ocurrir a partir de ahora. Tú decides si te deprimes y te sientes víctima pasiva de las circunstancias o si te quedas con el lado positivo para seguir a partir de aquí con tu vida de la mejor manera posible.

Te propongo un **ejercicio de reflexión:** piensa en alguna situación adversa que hayas vivido a lo largo de tu vida. No importa si es reciente o hace años que la viviste. Escribe a continuación lo ocurrido y después tómate el tiempo que sea necesario para sacar el lado positivo de todo aquello. ¡Adelante!

Situación o experiencia negativa

Lado positivo de la experiencia negativa

Quizás en aquel momento no fuiste del todo consciente de todas las posibilidades buenas que se abrían ante ti como consecuencia de lo «negativo» que había ocurrido, pero estaban ahí, ¿verdad? Si entonces lo hubieras enfocado desde este lado positivo, seguro que tu malestar se habría reducido notablemente.

Te animo a que, cada vez que la vida te ponga obstáculos por delante, recuerdes que, por cada obstáculo, puede haber una o más partes positivas de las que sentirte afortunado. La clave está en el foco. Oriéntalo al lado que te interesa: el bonito.

Gestiona adecuadamente tus emociones

Ya hemos hablado largo y tendido sobre las emociones. Cuando se trata de resiliencia, no puedes cambiar el pasado, pero sí puedes tratar de «ver» el suceso vivido como un reto o una oportunidad para crecer. Solo así podrás cambiar el modo de ver presente y futuro, y hacerlo con alegría, esperanza e ilusión. Lo más importante es la actitud con la que enfrentas las cosas que te ocurren. No se trata de ponerte las gafas de color rosa con las que ver todo bonito, pero mucho menos las gafas negras, que oscurecen cualquier realidad. Se trata de ponerte las gafas transparentes, las únicas que son válidas. Esas que te van a permitir ver las cosas con la máxima objetividad posible, cada una en su justa dimensión. Ser realista te hará advertir que hay cosas indeseables, pero no terribles e insoportables. Así que evita percibir las dificultades como problemas insuperables. La mayoría de las dificultades con las que te vas a enfrentar en la vida no lo son, pero a menudo se viven como si lo fueran. Racionaliza y busca otras formas de ver la situación que sean más realistas y saludables.

Cuando te enfrentas a situaciones difíciles, es muy deseable que fomentes la emoción de la fortaleza y la superación. Ten presente que, cuando superes el obstáculo, favorecerás tu autoconcepto y la visión que tienes de tus capacidades. Para ello debes estar muy pendiente de tu discurso interno y alimentar tu mente y tu corazón con **afirmaciones positivas** como estas:

- «Todo pasará y cuando lo supere me sentiré más fuerte.»
- «No me voy a rendir.»
- «Saldré adelante.»
- «Soy fuerte.»
- «Soy capaz.»
- «Yo puedo.»
- «He superado cosas peores.»
- «Esto es una oportunidad para...»
- «No estoy solo/a.»

En el capítulo sobre gestión emocional ya te he explicado cómo manejar adecuadamente tus emociones desagradables, pero déjame que te recuerde aquí que, ante un acontecimiento que interpretas como negativo, no vas a poder evitar que aparezcan esas emociones. Sentir miedo, tristeza, enfado o frustración es absolutamente normal cuando pasas por una dificultad. Acepta estas emociones y comprende qué tratan de decirte acerca de la experiencia. Llora, grita, escribe, aíslate unos momentos... Haz lo que sea necesario que te haga sentir mejor. Usa esas emociones para fortalecerte a través del aprendizaje que te dan. Además, te darás cuenta de que todo pasa y de que nada es tan terrible como parecía en un principio.

Elige ser feliz a llevar la razón

No des nada por hecho: ni el trabajo que tienes, ni la casa en la que vives, ni los alimentos que se mantienen frescos en tu nevera, ni el agua que sale de tu grifo cuando lo abres, ni siquiera el aire que respiras. Cada día es un regalo y, si no lo valoras como se merece, te será imposible vivir alegre y feliz. Para ello es fundamental que practiques la gratitud.

Para ello te propongo que uses un **diario de gratitud:** consiste en escribir cada día, idealmente antes de ir a dormir, las tres cosas por las que estás más agradecido ese día en particular, las personas a las que tienes algo que agradecer de esa jornada y los aprendizajes más significativos que te llevas. Si lo deseas, lo puedes combinar con el diario emocional que ya te animé a completar al principio del libro.

Si hacerlo a diario se vuelve demasiado pesado, puedes optar por hacer esta tarea una vez por semana y en ese caso registrar al menos diez cosas por las que estás agradecido que hayan sucedido en esos días. Este ejercicio, cuyos efectos son inmediatos, te ayudará a focalizar tu atención en las cosas positivas y dejar de lado las negativas y será el entrenamiento ideal que permitirá que tu cerebro se convierta en un «radar» de las cosas positivas de la vida.

DIARIO DE LA GRATITUD

	HOY AGRADEZCO	PERSONAS	LOGROS Y APRENDIZAJES
LUNES			
MARTES			
MIÉRCOLES			
JUEVES			
VIERNES			
SÁBADO			
DOMINGO			

«Mantener una actitud positiva ante la vida no es una opción, es una necesidad.»

Elige la vida que quieres y disfrútala

Otra forma de potenciar la resiliencia y, con ella, un estilo de pensamiento positivo y optimista es **lograr que te guste tanto tu vida que no desees tener otra.** Sentir que no evolucionas, que estás perdido y sin rumbo o sin motivación es el perfecto aliado para desarrollar un estilo de pensamiento negativo y pesimista. Por eso es tan importante que encuentres el equilibrio entre tus obligaciones y tus placeres. No abandones nunca lo que eres: ni tus hijos, ni tu familia, ni tu pareja, ni tus amigos ni tu trabajo deben apartarte de ti mismo. Así que pon energía para tener una relación sana contigo mismo y que puedas disfrutar de tu propia compañía. Si tú estás bien y te sientes bien, conseguirás que tu energía sea más positiva y beneficiosa que si te encuentras en una mala relación contigo y con tu vida. No te dejes para después, cuida de ti tanto por dentro como por fuera, dedica tiempo a lo que te gusta hacer. Date caprichos, cómprate cosas, dedícate tiempo y date tantos placeres como te sea posible. Eso sí, placeres sanos tanto para ti como para los demás.

Una de mis palabras favoritas es *disfrutón/ona*, dicho de una persona con gran capacidad de disfrute, que saca el máximo partido y felicidad a algo. Esa intensidad que implica la misma palabra me fascina. Porque la vida hay que vivirla en mayúsculas, con máxima intensidad y logrando hacer extraordinaria cada experiencia ordinaria. Así, generar una cascada de pensamientos y emociones positivos será simplemente una consecuencia natural.

Te animo a poner en práctica un ejercicio muy sencillo a la vez que eficaz. ***Los brazaletes de la conciencia*** es como me gusta llamarlo. Un poderoso ejercicio que te permitirá cambiar cualquier mal hábito del que desees deshacerte. En este caso, al estar centrados en este capítulo en la capacidad de ser resiliente, vamos a poner el foco en eliminar la tendencia a la queja o al pesimismo. Consiste en ponerte en la mano derecha varios brazaletes o coleteros, al menos cuatro o cinco, porque si tienes costumbre de quejarte o de pensar de forma negativa vas a tener muchos de estos a lo largo del día. Cada vez que detectes un pensamiento pesimista, vas a cambiar uno de los brazaletes a la mano izquierda. Este va a ser el recordatorio de que has puesto el foco en lo negativo o en lo peor que puede ocurrir. Para cambiar el brazalete a la mano «correcta», es decir, a la derecha, vas a tener que escribir o decir en voz alta tres pensamientos positivos y optimistas para «contrarrestar» la negatividad inicial. Del mismo modo, cada vez que detectes una queja en forma de pensamiento o de verbalización, deberás hacer lo mismo, cambiar uno de los brazaletes a la mano izquierda. Para devolverlo a la mano derecha deberás escribir o decir en voz alta tres cosas por las que sientes gratitud relacionadas con la queja. Te pongo un ejemplo:

Queja espontánea

«Jolín, siempre está cansado cuando llega del trabajo y no quiere hacer nada más que sentarse a descansar.»

Gratitud forzada

«Pero es cariñoso conmigo y al llegar a casa siempre me da un beso y me pregunta cómo me ha ido el día.»

«Podemos hacer cosas agradables en casa, como ver una serie o preparar la cena juntos.»

«Puedo hacer cosas yo sola que me hagan sentir bien cuando no quiero quedarme en casa al volver del trabajo.»

Al hacer este ejercicio estás obligando a tu mente a conectar con la gratitud y con el lado positivo y consigues así modificar, poco a poco, tu actitud y tu estilo de pensamiento, favoreciendo el desarrollo de una personalidad altamente resiliente. Si pretendes tener un bíceps fuerte y desarrollado, ¿acaso lo vas a lograr por levantar unas pesas durante diez días? Pues lo mismo ocurre con los hábitos. Si no entrenas duro durante meses, olvídate de lograr grandes cambios y mucho menos convertirlos en hábitos.

Eres superpoderoso, solo que quizás aún no lo sabes

Es muy importante que alimentes una visión positiva de ti y desarrolles una elevada confianza en tus capacidades para enfrentarte a las dificultades. Para ello, debes tener un buen conocimiento de tus fortalezas y de tus debilidades. **Las primeras se celebran** y se potencian y **las segundas se trabajan** para ser mejoradas.

Sentirte fuerte y capaz es algo que no lograrás solo con pensarlo y desearlo mucho. Tienes que hacer cosas que te demuestren lo capaz que eres.

La autoconfianza hay que ganársela.

Imagina que alguien te traiciona. Tú le perdonas porque se muestra arrepentido y te asegura que esa traición no volverá a ocurrir. Hasta ahí todo bien. Buenas intenciones y ganas por ambas partes. Tú quieres confiar y la otra persona quiere recuperar tu confianza. Pero de buenas intenciones y de promesas no se come y estas deben ir acompañadas de hechos, de demostraciones. Si la persona que te traicionó, una y otra vez, te demuestra su buen comportamiento, no te aferres a lo que ocurrió y deja que la confianza que un día se rompió en mil pedazos se vaya recuperando poco a poco. La confianza que se perdió se recupera con el tiempo gracias a los hechos, gracias a las demostraciones. Pues con la autoconfianza ocurre exactamente lo mismo. Estoy segura de que, si no crees en ti, no es porque hayas perdido tu confianza por un motivo en particular, por un error cometido en el pasado, sino que sencillamente nunca has tenido esa confianza en ti antes. Por eso, igual que para recuperar la confianza en alguien que te falló necesitas hechos, para ganar confianza en ti también los necesitarás. **Si no actúas y te demuestras que puedes, jamás vas a ganar ese poderoso sentimiento que es la autoconfianza.** O, lo que es lo mismo, sentirte superpoderoso.

Tienes mucho más poder y capacidad de lo que crees. Muy en línea con el capítulo anterior de creencias limitantes, en el que ya te diste cuenta de que eres capaz de conseguir mucho más de lo que crees, te propongo un **ejercicio de reflexión.** Piensa en el logro más grande que hayas conseguido hasta este momento: montar tu propio negocio, terminar tus estudios, aprender un idioma, formar una familia, hacer el viaje de tus sueños, comprar una vivienda, vivir en paz... Es posible que en algún momento creyeras firmemente que era imposible para ti, que no lo conseguirías porque era una meta demasiado ambiciosa. Y mírate..., ya lo has logrado, y eso demuestra que eres capaz. Incluso cuando no creías del todo en ti, lo lograste. Reflexiona sobre ello en este ejercicio:

UNO DE MIS LOGROS MÁS IMPORTANTES FUE...	CAPACIDADES QUE DEMUESTRO AL HABERLO LOGRADO

Tomar conciencia de tus fortalezas es clave para aumentar tu autoconfianza. Antes de seguir leyendo, te animo a escribir una lista lo más larga posible de todas las fortalezas y las debilidades que crees que te caracterizan. ¡Adelante!

MIS FORTALEZAS	MIS DEBILIDADES

Seguramente no habrás sacado más de diez o doce fortalezas, ¿me equivoco? Y hasta me aventuro a decir que has identificado más defectos que virtudes. Esa vocecita crítica que se encarga todo el día de recordarte lo que haces mal es de lo más dañina para tu autoestima y tu bienestar. Te animo una vez más a entrenar tu mente, en este caso para conectar con tus virtudes, aunque también conecte con los defectos, pero con una actitud de crítica constructiva: siempre con la finalidad de mejorarte hasta convertirte en una auténtica obra de arte, la que tú quieras esculpir.

Si ya has hecho el ejercicio, te animo a leer esta larga **LISTA DE VIRTUDES.** Estoy segura de que te vas a sentir identificado con muchas de ellas. Marca aquellas que ya posees en un color y las que te gustaría desarrollar en otro color. ¡Vamos!

Activo/a
Adaptable
Agradecido/a
Alegre
Amable
Amigable
Amoroso/a
Apasionado/a
Asertivo/a
Atento/a
Atractivo/a
Atrevido/a
Audaz
Auténtico/a
Con autocontrol
Con autocrítica
Con autocuidado
Autónomo/a
Aventurero/a
Bello/a
Bonito/a
Bueno/a
Capaz
Cariñoso/a
Caritativo/a
Coherente
Colaborador/a
Comprometido/a
Comunicador/a
Conciliador/a
Confiado/a
Considerado/a
Constante
Constructivo/a
Cooperador/a
Creíble
Cuidadoso/a
Decidido/a
Democrático/a
Determinado/a
Dialogante
Disciplinado/a
Discreto/a
Disfrutón/ona
Divertido/a
Con don de gentes
Con don de mando
Dulce
Educado/a
Eficaz
Empático/a
Emprendedor/a
Enérgico/a
Entusiasta
Equilibrado/a
Estable
Exitoso/a
Extravertido/a
Feliz
Fiable
Fiel
Flexible
Fuerte
Generoso/a
Gracioso/a
Honesto/a
Honrado/a
Humilde
Independiente
Influyente
Ingenioso/a
Íntegro/a
Inteligente
Intuitivo/a
Justo/a
Leal
Líder
Limpio/a
Listo/a
Luchador/a
Maduro/a
Modesto/a
Motivado/a
Noble
Optimista
Ordenado/a
Organizado/a
Paciente
Persistente
Práctico/a
Preciso/a
Presumido/a
Previsor/a
Proactivo/a
Prudente
Puntual
Rápido/a
Razonable
Reflexivo/a
Resiliente
Resolutivo/a
Respetuoso/a
Responsable
Risueño/a
Seguro/a
Sensato/a
Sensible
Sereno/a
Sexy
Sincero/a
Sociable
Solidario/a
Tenaz
Tolerante
Trabajador/a
Tranquilo/a
Transparente
Valiente
Veraz
Versátil
Vital
Voluntarioso/a

No esperes encontrar en este libro una lista de defectos. Conozco muy bien lo que haría tu cerebro. Encontraría más defectos de los que eres consciente ahora y esto no te traería nada positivo. Y este libro va de felicidad y de sacarte partido. Así que te animo a potenciar al máximo tus fortalezas y a desarrollar aquellas que te gustaría adquirir.

Para ello te propongo un ejercicio maravilloso: **el diario de virtudes.** Consiste en escribir, a diario, las virtudes que te caracterizan y que se desprenden de las cosas que has hecho ese día en particular. Te pongo un ejemplo de cómo hacerlo.

Diario de actividad

Me he levantado, me he arreglado para ir al trabajo y antes he desayunado mis cereales favoritos mientras leía la prensa digital. He trabajado hasta la hora de comer. He comido con dos de mis compañeras y hemos pasado un buen rato. Al salir me he ido directa al gimnasio (ya había preparado mi bolsa de deporte) y después he recogido a mis hijos. Hemos ido a casa, han hecho los deberes y después he preparado la cena mientras ellos jugaban. Después nos hemos duchado, hemos cenado mientras charlábamos sobre el día y, cuando se han acostado, he visto un capítulo de mi serie favorita junto a mi pareja. De todo ello destaco en mí...

Virtudes

Puntual, presumida, organizada, con autocuidado, curiosa, con interés por la actualidad, trabajadora, eficiente, rápida, lista, resolutiva, buena compañera, amistosa, agradable, divertida, disciplinada, coherente, deportista, amorosa, cariñosa, cuidadora, habilidosa, comunicadora, limpia, agradecida y relajada.

¿Te das cuenta de la cantidad de virtudes que podemos llegar a destacar de un día rutinario como el que te he puesto en el ejemplo? Pues te animo a hacer lo mismo en este registro. ¡Adelante!

Diario de actividad

Virtudes

Te animo a poner en práctica este poderoso ejercicio que, sin duda, te ayudará a aportar luz a cada una de tus fortalezas, a menudo ocultas, para que creas en ti como nunca lo habías hecho antes. Estoy segura de que lo vas a lograr. ☺

Busca apoyos

Una de las principales fuentes para obtener ayuda y apoyo cuando aparecen los problemas son la familia y los amigos. Por eso, para potenciar la resiliencia y la superación personal, es fundamental buscar y cuidar a tus **«personas boya».** Como sabes, una boya es una baliza que flota en el mar. Aunque haya una tempestad terrible que lo azote salvajemente, esa boya se moverá a un lado y a otro, subirá y bajará bailando con las olas, pero se mantendrá con firmeza en su lugar hasta que la tormenta cese. No importa lo poderosa que sea la tormenta. Si te agarras fuertemente a ella, agradecerás su protección, su fuerza, su abrazo y su guía y sin duda lograrás superar la adversidad. Una persona boya hace lo mismo. Te ayuda a orientarte cuando te sientes perdido, te marca el camino seguro y te protege ante las adversidades manteniéndote a salvo.

Por otro lado, una de las cosas que más comúnmente dan sentido a la vida de las personas es ayudar a los demás. Por ello, tener una buena red social y familiar te brindará, además, la oportunidad de ayudarlos a ellos, lo que redundará en tu bienestar personal.

Para poder tener una buena actitud y desarrollar un estilo de pensamiento positivo y optimista es necesario obtener **energía positiva del entorno,** aparte de la que tienes dentro de ti. Para ello, es esencial que busques estar acompañado siempre que puedas de gente positiva y entusiasta, de aquellas personas que siempre te sacan una sonrisa. De esas que le ponen pasión a todo lo que hacen y que desprenden esa luz tan bonita a la que apetece acercarse. Evita a todas esas personas tóxicas que se dedican a emanar negatividad, quejarse permanentemente y destilar mala vibra allá por donde pasan. Rodéate de personas sanas y felices que te sumen. Esas que, cuando te encuentras en un problema, se unen a ti para buscar soluciones, no para quejarse de tu mala suerte o para criticar las decisiones que has tomado equivocadamente. Su buena energía te afectará de manera positiva, porque las personas positivas, esas que te inspiran y motivan, tienen el don de hacer que todos los días salga el sol.

Enriquece tus vínculos y participa en alguna labor prosocial como son las actividades de voluntariado del tipo que sean. Busca dar y obtener afecto en estas actividades. Son una fuente inagotable de amor. Y el amor es el elemento más importante para superar cualquier obstáculo vital.

Exprésate asertivamente con todas las personas con las que te relacionas. Pide lo que necesitas, expresa lo que te gusta y lo que te molesta, pon límites y asegúrate de decir *sí* solo cuando quieres decir *sí*. No esperes jamás a que los demás adivinen tus necesidades. Si necesitas ayuda, pídela. Si necesitas estar solo, dilo. Si necesitas un abrazo, demándalo. No tengas miedo a molestar a los demás con tus problemas. ¿Acaso ellos te molestan a ti cuando te cuentan los suyos? Pues lo mismo, amigo. Si estamos para las buenas, también estamos para las malas, ¿no te parece? Ten en cuenta que dos cerebros piensan más que uno, así que allí donde tú no alcances a encontrar una solución o consuelo a tu problema, quizás la persona con la que compartes tu dolor pueda poner algo de luz.

EN RESUMEN

- La resiliencia, también conocida como «el arte de rehacerse, de recuperarse de una herida y de hacerse más fuerte con ello», es la capacidad que permite superar situaciones difíciles de la vida.
- La vida nos cambió a todos en 2020. Mientras que algunas personas se pasaron aquellos meses de confinamiento quejándose de su mala suerte, de la mala gestión del Gobierno..., sin ser conscientes de la oportunidad que nos había dado a todos esta tragedia mundial, otros sacaron el máximo partido a su tiempo: hicieron cursos, escribieron libros o aprovecharon para aprender idiomas.

→ La pandemia es el perfecto ejemplo de que no puedes elegir las situaciones que vives y, quizás, motivos no te falten para estar desanimado, decaído y enfadado, pero sí puedes elegir la actitud con la que enfrentarte a ellas. Puedes elegir desarrollar una actitud positiva y optimista, que te permita sobreponerte a las distintas dificultades con las que, inevitablemente, te encontrarás a lo largo de tu vida.

Estas son las reglas del juego, y aquí hemos venido a vivir. Y si es de forma feliz, mejor que mejor.

CAPÍTULO 9

Sal de tu zona de confort y empodérate

—Pero ¿cómo voy a abrir mi propio restaurante? —dijo Carla nerviosa.

—¿Y por qué no? —pregunté—. ¿Acaso no hay miles de restauradores que no tenían experiencia alguna en la hostelería y se han lanzado a emprender?

—Sí, bueno. Pero yo no tengo ni el capital, ni los conocimientos, ni nada que se le parezca para hacerlo.

—Pero tienes algo mil veces más importante que eso: la ilusión.

—Eso es cierto, pero de ilusiones no se vive.

—Cierto, se vive de las acciones. Y las acciones son la consecuencia de las ilusiones. La ilusión es el motor que nos impulsa a actuar en un sentido u otro y es la emoción capaz de hacerte superar cualquier aparente incapacidad. Imagina que te sientes incapaz de aprender a hablar japonés. Imagina ahora que el sueño de tu vida es viajar a Japón y trabajar unos años allí. Imagina que te surge la oportunidad laboral de tu vida, el trabajo de tus sueños, en un país que te fascina por su cultura, su gastronomía y sus paisajes. La ilusión por este proyecto ¿acaso no hace más «fácil» que aprendas el idioma?

—Sí, claro. Tienes una motivación más alta —dijo.

—Exacto. Pues la motivación es el resultado de la ilusión. Como ves, la ilusión es el primer ingrediente, aunque no el único, para que cualquier proyecto tenga futuro.

—Entonces, ¿me estás diciendo que debería abrir mi propio restaurante? —preguntó.

—¡Dios me libre! —dije riendo—. Te estoy diciendo que hagas lo que sea necesario para ser feliz. Y si este proyecto puede hacerte feliz, sería una pérdida muy grande que ni siquiera lo valoraras seriamente.

—Solo de pensarlo me da vértigo.

—Normal. Los proyectos, cuanto más grandes, más vértigo provocan.

—Pero ¿tú de verdad crees que yo soy capaz?

—Eso, querida, solo puedes averiguarlo tú. Yo puedo creer que eres capaz, pero no importa lo que yo piense ni la cantidad de argumentos que te dé para hacerte creer en tu capacidad. Lo verdaderamente importante es lo que tú creas de ti misma. Y eso solo vas a lograrlo demostrándote lo que eres capaz de hacer.

—¿Y eso cómo lo consigo? —preguntó.

—Solo hay una manera: pasando a la acción. Las personas que se sienten poderosas, que confían en sí mismas y que se sienten capaces de lograr casi cualquier cosa que se propongan, no se han sentido siempre así. Ese sentimiento es el resultado de acumular éxitos. Con cada victoria nos volvemos más y más poderosos. Por eso, una persona a los cuarenta años suele tener más autoestima y más autoconfianza de la que tenía a los veinte. Eso sí, es muy importante tener en cuenta que los éxitos tienen que ser el fruto del esfuerzo. Un éxito regalado no empodera en absoluto. Solo da satisfacción momentánea. Lo que de veras refuerza la autoestima y el valor que nos damos es saber que nuestro trabajo y nuestro esfuerzo han tenido su recompensa en forma de logro. Dime algo de lo que te sientas superorgullosa —animé a Carla.

—Pues de haberme sacado mi carrera con tan buenas notas.

—Cuando alguien te pregunta por tus estudios, ¿te sientes orgullosa?

—Totalmente.

—Ahora imagina que tu padre fuera el rector de tu universidad y que hubiera falseado tus notas para que, sin que tuvieras siquiera que asistir a clase, hubieras sacado las mejores notas de la promoción. ¿Te sentirías igualmente orgullosa? —pregunté.

—En absoluto. Me sentiría un fraude y me daría mucha vergüenza.

—Pues fíjate que el resultado sería el mismo, un título universitario con superbuenas notas. Dado que tú te esforzaste y te lo ganaste, te sientes orgullosa de ello. Si te lo hubieran regalado, no lo valorarías en absoluto del mismo modo.

—Claro. ¿Y qué debo hacer para sentirme más segura de mí misma? ¿Para sentir que soy capaz?

—Debes salir de tu zona de confort. **El verdadero empoderamiento solo se logra a través del trabajo,** del esfuerzo y de la superación de los límites que creías tener antes de enfrentarte a nuevos retos. Salir victoriosa de tus retos te permitirá anotarte un nuevo triunfo. Y, a cada triunfo, mayor la sensación de poder.

—Vale, lo entiendo. ¿Me ayudas a salir de mi zona de confort para ir a por un nuevo sueño?

—Estaba deseando que me lo pidieras —dije con una enorme sonrisa en la cara.

Me quiero, no me quiero...

La **autoestima** es el concepto que tenemos de nosotros mismos e implica los sentimientos, las creencias, las sensaciones y las actitudes que albergamos sobre nuestra persona. Esta va desarrollándose, poco a poco, a lo largo de toda la vida. Cada etapa aporta en mayor o menor medida experiencias y sentimientos que darán como resultado una sensación general de valía y capacidad o, por el contrario, un sentimiento generalizado de inferioridad e incapacidad. Esta autovaloración es fundamental, dado que de ella depende en gran parte la realización de nuestro potencial personal y nuestros logros en la vida.

Si una persona duda tanto de sí misma y de sus capacidades que el miedo a equivocarse o a fracasar le impide siquiera intentarlo, se quedará siempre estática, anclada en una zona de seguridad en la que será del todo imposible que averigüe lo que de verdad es capaz de hacer.

«El coste de equivocarte es menor que el coste de no hacer nada», Seth Godin.

Qué precio tan alto se paga por no intentar siquiera lo que de veras importa, ¿no te parece? Pesa mil veces más el arrepentimiento por no haberlo intentado que el peso de haberlo probado y no haberlo logrado. Amigo, ¡¡¡equivocarte o fallar no es un fracaso!!! Nos provee de información supervaliosa para la próxima vez que vayamos a por nuestra meta.

Lamentablemente, hay una cantidad ingente de personas con verdadera **fobia a equivocarse,** a fracasar, a hacer el ridículo, y esto es en gran parte culpa de la cultura del éxito en la que vivimos. Tradicionalmente se ha medido el éxito en función de la cantidad de posesiones materiales que una persona acumulaba. Esto ha cambiado notablemente en las últimas décadas y, aunque lo material sigue importando (y mucho), el éxito hoy en día se mide por la cantidad de recursos que se invierten en vivir experiencias de las que sentirse orgulloso, sea un viaje o estudiar un máster en el extranjero. Y las redes sociales tienen un peso muy importante en esto. La gente solo muestra la cara más amable de sus vidas, hasta el punto de que la vida de algunas personas parece, sencillamente, perfecta, pero es solo una falsa impresión. Si te comparas con la vida «perfecta» de tu *influencer* favorita, vas a salir perdiendo, eso es casi seguro.

Lo que no nos explican tanto como deberían es que el éxito es la suma de numerosas equivocaciones y fracasos, y esto lleva a muchas personas a frustrarse ante la más mínima dificultad en el camino a sus metas y, consecuentemente, a renunciar.

La próxima vez que te equivoques, recuerda que estás un poco más cerca de acertar. Solo tienes que hacer los ajustes necesarios y no volver a tropezar con la misma piedra.

A continuación, te presento los cuatro miedos principales con los que un gran número de personas suelen topar:

1. **Miedo al error:** este es el miedo que más parálisis provoca en la vida de las personas. No tomar ciertas decisiones o no arriesgar por miedo a equivocarse limita y no permite aprender ni avanzar. Lo habrás escuchado mil veces, pero quizás no siempre lo tengas presente. Se aprende tanto de los errores como de los aciertos. Los aciertos nos refuerzan positivamente y nos ayudan a sentir que nuestros conocimientos y nuestras decisiones son certeros, haciendo que tendamos a repetir experiencias similares y, por tanto, que alcancemos más éxitos. Pero de los errores también se aprende: se graban en la memoria a fuego para indicar cuál es el camino incorrecto. Así que, aunque te equivoques en algo, recuerda que también sacarás provecho.
2. **Miedo al fracaso:** muy relacionado con el anterior, existe también el miedo al fracaso. Es cierto, puedes fracasar y perder. ¡Pero también puedes ganar! Te lo he explicado en otros capítulos. Tu cerebro conecta con toda la gama de consecuencias negativas que podrían darse ante una decisión particular. Lo hace para protegerte y prevenirte de potenciales dificultades. Sin embargo, muchas veces se queda solamente en ese análisis negativo y obvia todo el abanico de aspectos positivos que podrías obtener al alcanzar el éxito. No pienses solo en que puedes fra-

casar y perder cosas importantes, piensa también en todas las maneras en las que podrías triunfar.

3. **Miedo al qué dirán:** a menudo buscamos la aprobación externa, no solo porque nos haga sentir mejor, sino porque, al recibirla, nos parece que es garantía de que lo que estamos haciendo es lo correcto. Y si nos equivocamos, seremos menos criticados por ello, porque el error será «responsabilidad de todos». Dudamos menos cuando obtenemos la aprobación externa. Sin embargo, los demás no están dentro de ti. Jamás tendrán toda la información que tú tienes: tus ilusiones, tu visión, tus ideas, tus experiencias pasadas... Lo importante, pues, es lo que pienses tú acerca de tus metas y de las decisiones que tomarás para ir a por ellas. Filtra y agradece la información que recibes, pero no pierdas de vista tu propio criterio. Y, sobre todo, ten mucho cuidado con vivir la vida que los demás creen que debes vivir.

4. **Miedo a lo desconocido:** también conocido como *intolerancia a la incertidumbre*. Se experimenta miedo ante lo ignoto porque implica inseguridad, y esto a tu cerebro no le gusta nada. Le gustan las cosas certeras, aquellas con las que no tiene que destinar recursos ni hacer esfuerzos por saber cómo van a terminar. Cuando nos enfrentamos a algo desconocido, automáticamente nuestro cerebro hace uso de su hemeroteca personal y busca experiencias pasadas semejantes para averiguar cómo se resolvieron entonces. Cuando no encuentra nada, lo interpreta como peligroso como mecanismo de protección, lo que lleva una vez más a la parálisis

por inacción. Sin embargo, piensa que lo que hoy es desconocido mañana ya no lo será y eso, amigo mío, solo depende de ti.

Empoderarse significa vencer miedos y desarrollar la confianza y seguridad en las propias capacidades; significa asumir la responsabilidad de impactar positivamente en la propia vida a través de las decisiones y las acciones que uno toma.

La palabra *empoderamiento* proviene del inglés *empower*, que significa literalmente 'dar poder', 'capacitar' o 'fortalecer'. Y esa capacidad está dentro de ti. **Solo tú puedes empoderarte a través de tus decisiones y de tus acciones.**

**Sin responsabilidad,
no hay verdadero empoderamiento.**

Estar empoderado es saberse y sentirse fuerte y poderoso. Para lograr este fabuloso sentimiento que elevará tu autoestima a la enésima potencia, debes concienciarte de tus derechos legítimos, tus capacidades y la influencia definitiva que tienes sobre los resultados que logras en tu vida, que dependen de ti sin necesidad de depender de los demás.

Estas son las características de una persona empoderada. Te animo a marcar con una X aquellas que presentas en este momento de tu vida. ¡Adelante!

- [ ] Te conoces en profundidad y sientes una alta satisfacción por tus fortalezas.
- [ ] Te sientes capaz de emprender nuevos retos y desafíos tanto personales como laborales.
- [ ] Te responsabilizas de tu vida y asumes riesgos para mejorarla.
- [ ] Sabes ponerte límites tanto a ti como a los demás.
- [ ] Sabes decir *no* sin sentirte culpable.
- [ ] Crees en tus capacidades para lograr lo que te propongas.
- [ ] Eres capaz de expresar libremente lo que piensas.
- [ ] Buscas tu propia aprobación y no necesitas la aprobación de los demás.
- [ ] Eres muy consciente de la importancia del autocuidado en tu bienestar personal y en tu autoestima.
- [ ] No permites relaciones tóxicas en tu vida.
- [ ] Eres capaz de gestionar adecuadamente tu tiempo para encontrar el equilibrio entre las obligaciones y los placeres.
- [ ] Tomas tus propias decisiones sin necesitar la aprobación de los demás.

- [ ] Diriges tu vida basándote en objetivos previamente establecidos.
- [ ] Cuando estás delante de un problema, buscas la mejor manera de solucionarlo.
- [ ] Tienes en cuenta tus derechos y sentimientos, así como los de los demás, por lo que siempre te comunicas asertivamente.

¿Cuántas afirmaciones has marcado? Si no has hecho el pleno al quince, no te preocupes. A continuación, encontrarás las claves para sentirte como Beyoncé encima del escenario.

**«Aunque nada cambie,
si yo cambio, todo cambia»,
Marcel Proust.**

Claves para lograr el empoderamiento

Reconoce tu valor

Tu mayor poder es saber lo poderoso que eres. Es fundamental que reconozcas tus fortalezas en todas las cosas que haces y en las decisiones que tomas, porque solo así te darás cuenta de tu poder. Imagina que eres un superhéroe de una película y que después de un misterioso experimento tuvieras el poder de volar. Primero, alzarías el vuelo tímidamente para no estrellarte en el primer intento. Pero tendrías ganas de seguir probando ese nuevo poder y cada vez volarías más y más alto hasta lugares más y más lejanos, porque creerías firmemente en ese poder que ya forma parte de ti. Pues si volvemos al mundo real, ocurre lo mismo. Eres paciente, persistente, divertido, amable, ingenioso, trabajador, bondadoso y mil cosas más. Y esos son tus superpoderes. Pero de nada te servirán si no sabes que los tienes. No es malo ni es símbolo de vanidad que reconozcas tus virtudes. ¡Al contrario! Es un maravilloso ejercicio que te ayudará a valorarte, a quererte y a creer en ti cada día un poco más. ¿Qué puede haber de malo en eso? «¡Olé yo!», «Qué inteligente soy», «Menudo *crack* estoy hecho», «Me amo»...

En el capítulo anterior, te di un ejercicio muy bueno para reconocer tus fortalezas: el **diario de virtudes** (página 258). Te animo a que lo retomes de nuevo para tomar conciencia de tus superpoderes.

Transforma tus debilidades en fortalezas

Sentirte orgulloso de tus fortalezas no es más que el principio. Puedes seguir mejorando tus capacidades, así como adquirir otras nuevas, incluso transformar tus debilidades en fortalezas.

Para lograrlo, es clave tomar conciencia de las capacidades que quieres desarrollar o bien de las debilidades de las que quieres deshacerte. Para ello trata de reconocer en qué contextos y en qué momentos quieres potenciar la nueva virtud y anticípate. Las debilidades que te acompañan de toda la vida son difíciles de combatir por la fuerza del hábito, así que deberás permanecer alerta y adelantarte para desarrollar la nueva virtud.

Te muestro las **fases** que debes seguir para lograr desarrollar cualquier nueva fortaleza:

1. **Identifica la fortaleza que quieres desarrollar:** reconocer que tienes que cambiar cosas en ti es el primer paso para convertirte en tu mejor obra.
2. **Toma conciencia:** hacerte consciente de cuándo aparece esa debilidad y qué consecuencias negativas te genera te hará despertar el deseo de mejorar y te permitirá anticiparte y vencer automatismos adquiridos desde hace tantos años.
3. **No seas muy duro contigo mismo:** todos tenemos debilidades, no te critiques tan duramente por ello. Has venido a esta vida a ser feliz, no a ser perfecto. Pero a veces, para ser feliz, tenemos que cambiar algunos aspectos que nos roban felicidad. Trátate con amabilidad en el proceso de transformación. Sé paciente y acepta que hay cambios que requieren grandes esfuerzos y enormes cantidades de tiempo. Respira ¡y adelante!
4. **Define claramente el comportamiento deseado:** diseña un plan lo más detallado posible para **actuar según la nueva fortaleza.** Es decir, si quieres apren-

der a ser paciente, deberás definir qué significa para ti ser paciente y cómo se manifiesta idealmente esa paciencia. Si quieres entrenarte para ser más abierto y comunicativo, deberás definir qué significa para ti esa virtud y en qué se traduce a nivel de actitudes y comportamientos con los demás. No podrás cambiar un aspecto de tu personalidad sin esfuerzo y dedicación. Ajústate al plan y ejecútalo en todas las situaciones posibles. Cuanto más practiques, más fácil será para ti incorporar a tu vida ese nuevo repertorio de conducta deseada.

Ya conoces los grandes beneficios que tiene la autoobservación y el autorregistro en tu vida. Para lograr transformar tus debilidades en fortalezas, este autorregistro será tu aliado perfecto. Toma nota de este ejemplo:

DEBILIDAD DE LA QUE QUIERO DESHACERME	No me atrevo a decir las cosas que pienso por miedo a qué pensarán los demás de mí.
DÓNDE APARECE ESTA DEBILIDAD	Cuando estoy con personas que no son mi círculo íntimo de amigos, ya sea en el trabajo, en eventos sociales o incluso con algunos miembros de mi familia.
CONSECUENCIAS NEGATIVAS DE LA DEBILIDAD	Me siento incómodo e inseguro la mayor parte de las veces que estoy con gente. Temeroso de decir lo que pienso, y termino enrabiándome conmigo mismo por ser tan cobarde. Ser así me hace sentir pequeño y vulnerable.

FORTALEZA QUE QUIERO ADQUIRIR

Quiero ser más abierto, más comunicador y defender asertivamente mis opiniones y deseos.

COMPORTAMIENTO DESEADO QUE REPRESENTA ESA FORTALEZA

- Dar mi opinión sincera y justificarla con mis argumentos.
- Tomar iniciativa en las conversaciones y sacar temas de mi interés, aquellos en los que siento que puedo aportar cosas.
- Preguntar por temas que desconozco y no hacer ver que sé de lo que se está hablando.
- No esperar a que me presenten y presentarme yo antes.
- Hacer preguntas abiertas para conocer a las personas.
- Dar información sobre mí e interesarme por los demás.
- Aceptar que no puedo gustar a todos, pero sí puedo gustarme a mí mismo.
- Tener una actitud abierta, sonreír y ser agradable.

Te recuerdo una vez más que no vas a bordar tu actuación a la primera, debes ser paciente y entender que, cuanto más interpretes tu nuevo papel, más vas a dominarlo.

La **técnica de la máscara** puede serte de gran ayuda en este aspecto. Se trata de una poderosísima herramienta psicológica para lograr más autoconfianza al instante. Beyoncé, ahí donde la ves, superó su miedo a subir a un escenario creando a Sasha Fierce, un *alter ego* sensual y carismático, a la que interpreta cada vez que tiene que actuar delante de miles de seguidores. Estoy convencida de que ese *alter ego* ya forma parte de ella y no necesita invocarlo cada vez que se sube a un escenario.

La técnica consiste en visualizarte como la persona que te gustaría ser, con las características de esa persona. Las que tú quieras. No escatimes. Y cuando la tengas definida y caracterizada, actúa. Pon tus hombros erguidos, respira hondo y comienza a actuar para imitar a esa persona que has visualizado, esa persona segura de sí misma y poderosa que te gustaría ser.

¿Realmente funciona este truco? ¡Por supuesto que funciona! Es posiblemente la técnica más usada por los oradores noveles. Ellos salen al escenario para dar una charla aparentando ser esa persona segura, aunque por dentro sean un manojo de nervios. Con el tiempo acaban ganando esa seguridad en sí mismos, lo mismo que te ocurrirá a ti si lo pones en práctica. ¿Cómo es ese personaje que te gustaría crear?

No te compares

Todo el mundo lo hace en mayor o menor medida, aunque los motivos pueden ser distintos. No importa si se trata del aspecto físico, del trabajo que uno tiene o de las notas que sacan los hijos. Vivimos en una sociedad competitiva y en general deseamos estar por delante de los demás, porque eso nos da autoestima y bienestar. Algunos se comparan para ser mejores, pero la gran mayoría lo hace por culpa de complejos e inseguridades. Sea por un motivo o por otro, acéptalo. Compararse alguna vez es inevitable. Así que lo que tienes que hacer es **compararte con la única persona del mundo con quien es justo que lo hagas: contigo mismo.** Y si quieres compararte con los demás, hazlo de forma que puedas sacarle provecho y te inspire a ser mejor.

Sin embargo, no es cosa fácil. El cerebro tiende a prestar más atención a lo que anhela que a lo que ya posee. Pone en marcha el radar que detecta todo lo que tienen los demás y de lo que tú careces. En la comparación sales perdiendo, obviamente, y esto es una fuente inagotable de presión, sufrimiento y desdicha.

Pero compararse no tiene por qué ser algo malo necesariamente. Está muy bien tener un modelo a seguir, alguien que te inspire a ser mejor, alguien que abra camino y te ayude a saber que eso que tú anhelas otros ya lo han conseguido. El problema surge cuando entras a competir con esa persona, dado que, en lugar de sentir admiración, lo que puedes llegar a sentir es inferioridad, y eso te puede llevar a creer que tú no eres capaz de lograr lo que logran los demás, porque no tienes lo que hay que tener para ello.

Lo mejor que puedes hacer es competir contigo mismo, retarte a ser mejor día a día, superar tus miedos y trabajar por ser mejor persona. Lo único que debes anhelar es SER MEJOR QUE AYER. Recuerda siempre poner el foco principal en iluminar lo que tienes y lo que eres, no en lo que sientes que te falta. Mira atrás y date cuenta de dónde estás hoy y de cómo eres hoy en comparación a hace un tiempo. ¿Te sientes orgulloso?

Haz un inventario consciente de tus logros

Para que tu jardín crezca y florezca sano y precioso, tienes que sembrar y regar todos los días de tu vida, solo así lograrás el verdadero empoderamiento. Cada meta que te marcas, que trabajas y que logras es una nueva flor para tu increíble jardín.

Puedes tener un jardín espectacular, lleno de árboles y de flores magníficos, pero si está en la parte trasera de tu casa y tus ventanas solamente dan a la parte delantera de la vivienda, poco o nada vas a disfrutar de tan impresionantes vistas. Con los logros ocurre igual. Acumularlos pero no ser consciente de ellos no te provocará el menor sentimiento de orgullo.

A lo largo de la vida plantamos semillas de todo tipo, las cuidamos y disfrutamos de los frutos. Y los disfrutamos porque son el resultado de nuestro esfuerzo y nuestra dedicación.

Por eso es tan importante que hagas un inventario consciente de tus éxitos. Te propongo que elabores tu jardín de los logros.

Este ejercicio tan bonito y poderoso te permitirá tomar conciencia de la cantidad de cosas que has logrado hasta ahora. Tómate el tiempo que sea necesario para recordar cada uno de los momentos de éxito que has vivido a lo largo de tu vida. Tu primer premio en el campeonato de natación del colegio, sacarte el bachillerato a la primera, el carné de conducir, la fortaleza que demostraste al superar aquella situación tan difícil, haber tenido una relación con aquella persona que te gustaba tanto, comprarte un coche con tus ahorros, la entrevista de trabajo en la que te seleccionaron, haber sido capaz de llegar a la cumbre de aquella montaña, haber formado una familia o cuidar tu alimentación como lo haces. No existen éxitos grandes o pequeños. Todos suman por igual y todos te hacen sentir orgulloso por un motivo u otro.

Pero lo que todos tienen, seguro, en común es que te han costado un esfuerzo y por ello te sientes tan satisfecho de cada uno de ellos.

Un logro regalado no es un logro real. Es un obsequio que, aunque te hará sentir muy bien inicialmente, no enriquecerá tu jardín. Todo, absolutamente todo lo que has logrado gracias a tu trabajo, debe ser reconocido. Debes ver la grandeza que hay detrás de cada una de esas metas conseguidas. Ni se te ocurra minusvalorar tus éxitos y quitarte mérito. Piensa en todas las cosas que has conseguido desde tu infancia hasta ahora. No te dejes nada por anotar en tu fabuloso jardín. Si te quedas sin ideas, pregunta a tu entorno de confianza: ¿de qué crees que debería sentirme orgulloso? ¿Qué cosas importantes he conseguido hasta ahora?

Este jardín no debe dejar nunca de crecer. Ver este jardín lleno de éxitos te motivará a salir ahí afuera a por nuevos logros por conseguir. Cada nuevo logro reforzará tu autoestima y tu poder. No olvides volver a tu jardín a ponerle nombre a esta nueva flor o arbolito que acaba de nacer. Siéntete muy muy orgulloso de ti. Una gran parte de tus superpoderes está ahí.

«El éxito no se da de la noche a la mañana. Es cuando cada día eres un poco mejor que el día anterior. Todo suma»,
Dwayne Johnson.

Abandona el conformismo y lucha por tus sueños

Cuando hablamos de *zona de confort*, nos referirnos a un estado mental en el que la persona se acomoda a una situación y un estilo de vida determinados porque se siente protegida, segura y con sensación de control. Es ese espacio en el que todo se hace siempre de la misma manera y, por tanto, es difícil que ocurran sorpresas desagradables. Así, la persona se ancla de forma indefinida a esa zona aparentemente cómoda, por temor a enfrentarse a nuevos desafíos que podrían salir mal. Digo «aparentemente» porque allí donde todo es conocido y seguro, la persona está muy cómoda, no tiene que asumir riesgos ni enfrentarse a cosas desconocidas. Sin embargo, **nada nuevo puede crecer en esa zona tan delimitada.**

¿Qué pasa cuando llevas mucho tiempo en la zona de confort? Que la rutina y el miedo a salir al exterior terminan provocando un sinfín de consecuencias negativas para tu desarrollo, bienestar y autoimagen: tristeza, apatía, desmotivación, frustración, sentimiento de incapacidad, estancamiento, falta de progreso, desilusión, miedos, aburrimiento, monotonía, desgaste, vacío... Cuando vives en la zona de confort, pierdes la oportunidad de coleccionar experiencias que podrían enriquecerte física y mentalmente.

Pero, lo que es peor todavía, provoca que la persona ni siquiera se plantee la posibilidad de que existen otras formas de vivir u otras oportunidades de mejorar la vida. Esto claramente dificulta el aprendizaje de nuevas estrategias de afrontamiento para hacer frente a la incertidumbre. Lo cual dificultará aún más salir de la zona de confort.

Y, si es tan malo vivir de esta forma, ¿por qué hay tantas personas que se quedan ahí toda su vida? Pues porque la zona de confort es adictiva. El refugio y la calma que proporciona «enganchan». Vivir tranquilo, sin sorpresas ni miedos, gusta. Y mucho.

Salir de la zona de confort es condición *sine qua non* para madurar emocionalmente, para adquirir nuevas habilidades de afrontamiento, para superar tus propios límites y descubrir que no son los que creías y para desarrollar la autoconfianza de ser capaz de enfrentarte a cualquier desafío.

Cada vez que superas un nuevo reto, por pequeño que sea, tu autoestima aumenta, aprendes cosas nuevas sobre ti y sobre la vida y esto te permite crecer y madurar como persona. Y eso es evolucionar. Evolucionar es mejorar, es crecer, es superarse. Cuando te quedas quieto siempre en el mismo sitio, con las mismas personas, haciendo las mismas cosas, te estancas y no creces.

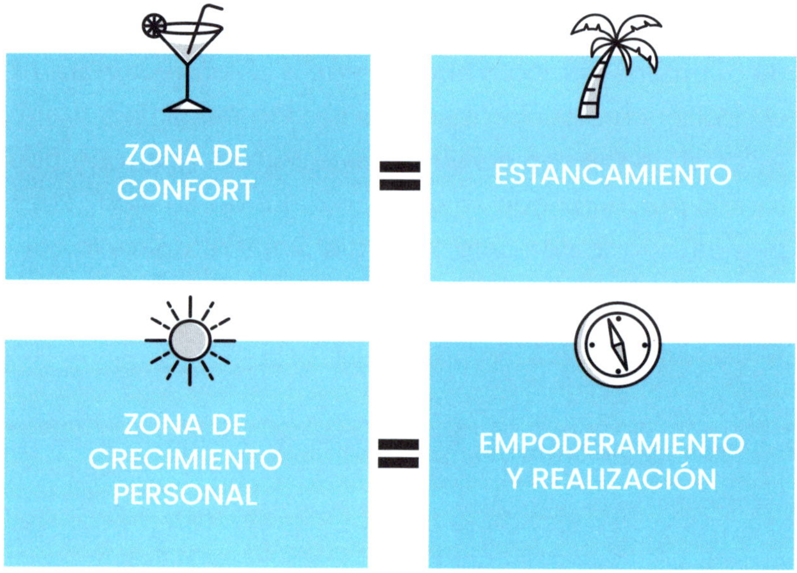

No es nada fácil. Es más, en el primer momento puedes sentir mucho miedo. Sin embargo, debes atreverte a caminar en dirección a tu zona de crecimiento, porque solo ahí vas a ser capaz de sentir el verdadero poder que hay en ti y alcanzar la máxima de la mayoría de las personas: la realización personal. Solo te tienes que atrever. Tienes muchísimo por ganar.

¿Quieres saber si estás viviendo en tu zona de confort?

- [ ] Te apetecen ciertas cosas, pero no las haces por miedo.
- [ ] Tienes muchos sueños, pero no haces nada por lograrlos.

- [ ] Te gustaría avanzar en determinada parcela de tu vida (cambiar de trabajo, de vivienda, de pareja...), pero la seguridad que tienes en este momento de tu vida te impide dar el paso adelante.
- [ ] Prefieres quedarte donde estás porque no quieres sentirte incómodo.
- [ ] Cuando rechazas enfrentarte a un desafío, inicialmente te sientes tranquilo, pero posteriormente te sientes frustrado por no haberlo intentado.
- [ ] Cuando piensas en cosas nuevas que te gustaría hacer, sientes una ansiedad y un miedo tan intensos como para deshacerte de esa idea.
- [ ] No tienes nada nuevo que contar. Tu vida está igual que siempre.
- [ ] Eres consciente de tus limitaciones y nunca las pones a prueba.
- [ ] Ves tus sueños como imposibles y te sientes incapaz de lograrlos, por eso ni siquiera lo intentas.
- [ ] No te sientes feliz en tu vida. Sabes que te falta algo, aunque no sepas lo que es. Te quejas, pero no haces nada por cambiar tu situación.

Hay personas a las que les apasiona ponerse nuevos retos y superarse a sí mismas. Les entusiasma aprender cosas nuevas y conocer sus propios límites. Por eso salen y ponen a prueba su zona de confort. A esas personas entusiastas el miedo a equivocarse no las frena. **No es que no tengan miedo, es que hacen las cosas con miedo** y sobre todo comprenden que el error forma parte del aprendizaje.

¿No eres de esas personas? No te preocupes, atento a estas pautas para salir de tu zona de confort y crecer como jamás hubieras imaginado:

Estrategias para salir de la zona de confort

Identifica tus sueños y tus miedos

Antes de tomar decisiones en tu vida que impliquen salir de tu zona de confort, debes hacer un análisis honesto de tus sueños y los miedos que han impedido, hasta ahora, que vayas a por ellos. Responde a estas preguntas:

Me miro al espejo y veo una persona

....

....

....

....

¿Los sueños que tenía en mi infancia/adolescencia, los he cumplido?

☐ Sí

☐ No

Si has respondido que no, ¿qué lo ha impedido?

En mi casa me siento

Con mi familia estoy

Con mi círculo de amistades me siento

En mi trabajo

En mi tiempo libre hago

¿Estoy plenamente feliz con mi vida actual?

☐ Sí

☐ No

¿Qué me falta para sentirme más pleno?

¿Qué me impide alcanzar metas más interesantes para mí? ¿Por qué creo que no las puedo alcanzar?

Después de este análisis, estoy segura de que ya tienes muy claros cuáles son tus sueños. Aquellos que crees que, si los alcanzaras, te harían sentir más feliz. Anótalos aquí y al lado escribe lo que te da miedo. Este es el primer paso para enfrentarte a ello. ¡Adelante!

MIS SUEÑOS	MIS MIEDOS

No dejes para mañana la felicidad que MERECES hoy.

Enfréntate a tus miedos y dalo todo (rendirse no es una opción)

Cuando te animo a superarte a ti mismo, no quiero decirte que hagas «locuras» o que tomes decisiones extremadamente arriesgadas que puedan ponerte en verdadero peligro. Si vas a tirarte a la piscina, asegúrate de que haya un mínimo de agua. Analiza bien pros y contras en tus proyectos y, si hay la mínima cantidad de agua, ¡no dudes en lanzarte! Aunque te parezca que está muy alto.

**Si te da miedo,
hazlo con miedo.**

No pretendas salir de tu zona de confort sin sentir incomodidad. Para ser más feliz, debes ponerte a prueba y luchar por tus sueños. Pon tu corazón y toda tu energía en ello y demuéstrate de lo que eres capaz cuando te lo propones de verdad. Prepárate para las dificultades, probablemente van a llegar. No te desanimes cuando aparezcan y, sobre todo, no te rindas. La persistencia es la fortaleza personal que permite a las personas terminar todo aquello que empiezan. Esfuérzate al máximo por tener la fuerza mental necesaria para continuar luchando cuando las cosas se pongan difíciles. Busca la inspiración en referentes que lograron grandes metas gracias a que no se rindieron.

Para superar tus miedos **solo puedes hacer una cosa:** ENFRENTARTE A ELLOS. La exposición en vivo es la técnica psicológica conductual más eficaz para superar cualquier tipo de miedo. Para ello debes elaborar una **jerarquía de exposición** ordenada de más fácil a más difícil. Ve avanzando poco a poco y descubrirás que aquello que creías que no eras capaz de superar resultó ser más fácil de lo que imaginaste.

Si no te expones, jamás vas a superar aquello que temes. Si no actúas y te demuestras de lo que eres capaz, jamás vas a ganar ese poderoso sentimiento que es la autoconfianza. O, lo que es lo mismo, sentirte superpoderoso.

Exponte a situaciones y a personas nuevas, aunque te sientas realmente incómodo al principio. **Sin exposición no hay superación** y, sobre todo, recuerda que la confianza en ti mismo debes ganártela y la única manera es pasando a la acción. ¿Dispuesto a comerte el mundo?

EN RESUMEN

→ Cuando una persona duda tanto de sí misma y de sus capacidades que el miedo le impide siquiera intentar nuevas metas que le permitirían crecer y volverse más poderosa, se quedará siempre estática, anclada en una zona de seguridad en la que será del todo imposible que averigüe lo que de verdad es capaz de hacer.

- Empoderarse significa vencer estos miedos y desarrollar la confianza y la seguridad en las propias capacidades y asumir la responsabilidad de impactar positivamente en la vida a través de las decisiones y las acciones que uno toma.
- No dudes en hacer todo aquello que te haga feliz, siempre que sea reflexionado y valores que va a generar consecuencias positivas para ti y para tu entorno. Sigue tu instinto y haz lo que te apetezca. Busca siempre ser feliz.

Date amor y cuida de ti. No importa lo que piensen los demás. Quizás opinan porque no te conocen y no conocen bien tus necesidades y tus motivaciones. Ese no es tu problema. Es de los demás, que quizás juzgan y opinan sin tener toda la información. Vive y deja vivir.

CAPÍTULO 10

Lidera tu vida

—Has trabajado muchísimo los últimos meses y ha llegado el momento de cerrar esta etapa —le dije a Carla.

—Me va a resultar muy extraño no tener estas citas contigo en las que compartir mis progresos y mis dificultades. Tú has sido mi «persona boya» todo este tiempo y me da miedo no tenerte a partir de ahora. ¿A quién voy a consultarle mis dudas? ¿Con quién voy a compartir mis temores? ¿A quién le voy a pedir consejo? ¿Con quién voy a hablar de mis avances? Siento un vacío en el pecho y en el estómago que me asusta.

—Estas emociones y sensaciones son del todo normales. Han sido muchos meses de trabajar juntas y ahora tienes un poco de miedo de emprender el vuelo en solitario. Pero no puedes olvidar que, en estos meses de duro trabajo, has creado un hábito superpoderoso: el de escucharte y atenderte como es debido. Tu mejor amigo es el diario emocional. En él puedes volcar todos tus temores y dentro de ti hallarás la respuesta a cada uno de ellos. No te olvides de que tú eres tu propia persona boya. Carla, te lo he dicho un montón de veces: si te tienes a ti, lo tienes todo. Y tú dispones de todas las herramientas necesarias para seguir adelante con los nuevos proyectos que vayas a emprender a partir de ahora. Yo confío en ti. Hazlo tú también.

—Sí, sí, lo sé. Solo tengo que seguir haciendo lo que he estado haciendo estos últimos meses.

—Así es. Mírate. Cuando te conocí eras una joven con un potencial inmenso, pero cargabas en tu mochila con un montón de inseguridades, miedos, frustraciones e insatisfacciones vitales. ¿Qué te llevas del trabajo que has hecho los últimos meses?

—Me llevo tantísimas cosas que no sé ni por dónde empezar. Para mí lo más importante es que he aprendido a darme valor, a ganar en seguridad, a poner límites y, lo más importante, he apartado de mi vida todo lo que robaba mi felicidad. Trabajaba en un lugar en el que no me sentía bien y me atreví a dar el salto e ir a por nuevas oportunidades, a pesar de no tener mucho apoyo de mi entorno. Conocí a personas que no me dieron lo que necesitaba y supe respetarme y tener el valor necesario para poner punto final. He aprendido a gestionar adecuadamente mis emociones, a ajustar mis expectativas y a admitir que las cosas a menudo no son como a mí me gustaría, pero no por ello son peores. Estoy aprendiendo a asumir nuevos retos, que, aunque me asusten, me ilusionan y apuesto por ellos. Como sabes, las últimas semanas estuve trabajando en una empresa para cubrir una baja y gracias a ello ahora puedo activar el paro. He decidido que voy a capitalizarlo para iniciar mi proyecto empresarial. Me he asociado con una amiga que conocí hace años en un curso de tapas creativas y estamos muy ilusionadas. Vamos a abrir nuestro propio restaurante.

—¡No me digas! ¡Me alegro tanto por ti!

—Lo sé —me dijo con una enorme sonrisa en la cara—. Eres la persona que me ha ayudado a entender que aquí estamos de paso y que ser feliz es urgente. No voy a perder ni un minuto y voy a luchar por lo que me haga feliz. Y esto te aseguro que lo hace.

—Ha llegado el momento de vivir la vida que has decidido vivir. Ha llegado el momento de ser la verdadera capitana de tu barco y llevarlo al puerto que te apetezca en cada momento. Como hoy es nuestra última cita, antes de darte el alta terapéutica, me gustaría que habláramos sobre autodirección y las claves para triunfar en la vida.

—¡Cómo no! Lo estoy deseando —dijo Carla con una cara de satisfacción que nunca antes le había visto.

—Pero antes, déjame que te haga una pregunta. ¿Te sientes más feliz hoy que cuando llegaste aquí por primera vez?

—¡Absolutamente! —dijo emocionada—. No sé qué me depara el futuro, pero de lo que estoy segura es de que en este momento estoy donde quiero estar y que apuesto por mi felicidad hoy y siempre.

¡Nuevas decisiones, nueva vida!

¿Estás alineado con lo que deseas? ¿Las decisiones que tomas te conducen a tus metas? ¿Estás listo para tomar el control de tu vida?

Las personas que consiguen todo aquello que se proponen tienen una cosa en común: son efectivas. Así es como los sueños, tarde o temprano, se hacen realidad.

Te enseño tres habilidades para que tu vida deje de ser un círculo y, por fin, despegues hacia tu prosperidad. ¿Te atreves a probarlas?

1. **Asume la responsabilidad y el control de tu propia vida:** las personas efectivas son altamente proactivas y crean su propio destino a medida que van cumpliendo todas aquellas metas que se proponen. Esto las motiva y les da la fuerza necesaria para alcanzar lo que se propongan. La actitud proactiva empodera, te hace sentir competente y poderoso.
2. **Ten claro el objetivo:** cuando conoces el destino al que deseas llegar, ya tienes la mitad del recorrido hecho. Tener una visión de futuro clara y precisa ayuda a la persona efectiva a tomar las mejores decisiones para llegar lo antes posible.
3. **Recuerda que descansar (siempre) está permitido:** si te cansas, no te rindas, aprende a descansar. Tómate unos días libres, lee, medita, haz ejercicio... Es decir, tómate un respiro para retomar con más fuerzas el camino que te llevará a tu meta.

Entonces..., ¿tienes un objetivo claro?, ¿creas tu propio destino?, ¿descansas cuando sientes que te faltan las fuerzas? Apaga el modo supervivencia y... ¡TOMA EL CONTROL DE TU VIDA!

La **autodirección** es una de las tres dimensiones del carácter del modelo psicobiológico de Cloninger, un prolífico estudioso de la personalidad. Para Cloninger, la personalidad es un sistema de modelo de conducta que se deriva de la interacción continua entre los rasgos de temperamento y de carácter. El temperamento hace referencia a los rasgos de personalidad más estables y que están relacionados con los sistemas neurobiológicos innatos que han sido heredados. Estos rasgos son difícilmente modificables, a diferencia de los rasgos del carácter, que están influenciados por el ambiente y por tanto pueden ser modificados a través de las experiencias que se viven a lo largo de la vida.

La autodirección, por tanto, representa la capacidad de regular y adaptar los comportamientos de acuerdo con objetivos significativos elegidos personalmente y puede ser entrenada y perfeccionada.

Las personas con una elevada autodirección son responsables, autosuficientes, organizadas, seguras, creativas y dirigen su vida basándose en metas significativas. Tienen un **locus de control** interno. Esto significa que sienten que tienen el control de lo que sucede en sus vidas. Son personas muy efectivas, pues adaptan su comportamiento basándose en elecciones y objetivos determinados. Por el contrario, las personas con una baja autodirección son inseguras, con baja autoestima, ineficaces y no se responsabilizan de su destino. Naturalmente, tienen un locus de control externo y, por tanto, sienten que poco o nada pueden hacer por cambiar su destino, pues es el resultado de las circunstancias externas. Son incapaces de marcar sus objetivos y luchar por ellos y claramente les falta una guía interna que los dirija a metas significativas.

La vida es como un mar inmenso lleno de riquezas, pero también de peligros. Para triunfar en esta vida necesitas saber a qué puertos deseas y puedes llegar, pero también necesitarás aprender a capear las olas y superar las tormentas. Para ello, es fundamental que **te conviertas en el verdadero capitán de tu barco.**

Todos poseemos un barco. Unos más sofisticados que otros. Algunos disponen de los últimos avances en navegación, GPS de última generación para guiar la travesía de forma óptima, sónares para detectar peligros que acechan, velas fuertes para aprovechar la fuerza del viento, motores potentes para llegar antes a destino, un timón para cambiar la dirección a conveniencia e incluso un ancla para parar a descansar y disfrutar de las vistas. Otros quizás no cuenten con un barco tan sofisticado, pero con disponer de unos simples remos pueden llegar tan lejos como se propongan. Más que el barco, lo verdaderamente importante es el capitán, el líder de la embarcación. De poco le servirá tener unas velas tan grandes y resistentes si no sabe usarlas. No importan los caballos de potencia de sus motores si nunca los pone en marcha. No hablemos de un capitán que no sabe siquiera adónde va...

Así es como andan muchas personas en la vida, dando vueltas en círculo porque, o bien no saben adónde tienen que ir, o bien temen ir a lugares a los que les gustaría llegar; el caso es que no se atreven a izar sus velas o encender motores y se quedan estáticos por el resto de sus vidas.

Un buen capitán sabe dirigir su barco y lo hace siempre con un mapa y con una intención. Y usando todos los recursos de los que dispone. Y traza una línea recta para llegar a su destino porque sabe que así llegará antes. No teme surcar aguas desconocidas porque la ilusión de lo que le espera en el puerto de destino supera con creces el temor a lo que pueda ocurrir en la travesía.

Las personas pueden dirigir sus vidas como auténticas capitanas o dejarse llevar por la vida como náufragas. ¿Qué eliges tú? **Quizás no lo sepas, pero tienes un barco impresionante que puede llevarte adonde te apetezca.** Solo tienes que atreverte a desplegar tus velas y usar todos los recursos de los que dispones. Pero lo más importante es que averigües adónde quieres ir. Ya te encargarás después de descubrir el cómo y el cuándo.

Muchas personas nacen con una serie de habilidades y capacidades innatas. Sin embargo, hay que desarrollar al máximo ese potencial. Te conviertes en el capitán de tu vida si estás verdaderamente comprometido con lograr ser tu mejor obra.

La persona que realmente lidera su vida es aquella que consigue resultados positivos tanto en la faceta personal como en la profesional y logra ser un referente para su entorno.

¿Recuerdas el ejercicio *Mi vida sobre la mesa?* Lo hicimos muy al principio del libro. En aquel momento, estaba destinado al autoconocimiento: a que te descubrieras y comprendieras qué facetas de tu vida cojeaban y necesitaban más atención por tu parte. Ahora, sin embargo, tras un largo camino en el que espero que hayas aprendido a gestionar mejor tus emociones, a no frustrarte, a controlar tus expectativas, a eliminar las creencias que te limitan, y segura de que has decidido empoderarte y liderar tu vida, te propongo que vuelvas a hacer algo muy similar como colofón de este recorrido. Eso sí, no centrándote en lo que te falta para que tu vida esté en equilibrio, sino desde un punto de vista mucho más ambicioso: desde el punto de vista de los sueños. De lo que has decidido que quieres conseguir. Deja que te ilustre con un ejemplo:

ESCRIBE CON TODO LUJO DE DETALLES LA VIDA QUE TIENES HOY	AHORA, LA VIDA QUE TE GUSTARÍA TENER
ÁREA LABORAL Tengo un trabajo que me gusta, pero detesto trabajar los fines de semana. Estoy satisfecha con mi sueldo. Me gusta trabajar en equipo y la buena relación que tengo con mis compañeros. Vivo lejos de mi trabajo y tengo que invertir a diario más de una hora en desplazamientos.	**ÁREA LABORAL** Me gustaría trabajar de lunes a viernes en jornada intensiva de mañanas. Quiero al menos el mismo sueldo para poder seguir manteniendo el estilo de vida que llevo ahora. Quiero seguir trabajando en equipo. Me gustaría vivir más cerca de mi trabajo. Máximo quince minutos de desplazamiento.
ÁREA PERSONAL Vivo sola de alquiler en un piso que me gusta y es cómodo, pero en una zona ruidosa.	**ÁREA PERSONAL** Me gustaría comprar una vivienda en un barrio más tranquilo.

Tengo algunos aspectos de mi personalidad que debería trabajar, como mi tendencia a ponerme muy nerviosa ante situaciones que no controlo, la negatividad y la queja. Tengo un buen estado de salud y me siento cómoda con mi cuerpo.	Me gustaría ser una persona más serena, con mejor control de mis emociones y más positiva en general. Deseo estar tan sana como ahora.
ÁREA FAMILIAR Y DE PAREJA No tengo pareja. Tengo una relación estrecha con mi familia y paso bastante tiempo con ellos.	**ÁREA FAMILIAR Y DE PAREJA** Me gustaría tener una pareja con la que compartir mi vida. Una persona que me valore y me respete y me haga sentir importante. Desearía formar una familia y tener hijos.
ÁREA SOCIAL Y TIEMPO LIBRE No tengo muchas aficiones. Mi vida social es satisfactoria. Los fines de semana suelo quedar con mis amistades para hacer actividades interesantes.	**ÁREA SOCIAL Y TIEMPO LIBRE** Siempre he querido aprender a cantar y tocar el piano. Me gustaría practicar algún deporte para mantenerme sana y en forma. Me siento plenamente satisfecha con mi red social, así que desearía mantenerla igual, pero quizás dedicando algo más de tiempo durante los días laborables.

Después de leer este ejemplo, si te digo que esta persona no está haciendo nada para lograr su vida ideal, que simplemente se levanta todos los días para hacer las mismas cosas, ¿qué pensarías? Que se está equivocando, ¿verdad? Que por ese camino NO ES.

Si no vas a ir a por tu sueño, ¿de qué sirve que lo desees?

Es tu turno: reproduce este esquema en un folio y haz este ejercicio tan poderoso. ¡Adelante!

ESCRIBE CON TODO LUJO DE DETALLES LA VIDA QUE TIENES HOY	AHORA, LA VIDA QUE TE GUSTARÍA TENER
ÁREA LABORAL	ÁREA LABORAL
ÁREA PERSONAL	ÁREA PERSONAL

ÁREA FAMILIAR Y DE PAREJA	ÁREA FAMILIAR Y DE PAREJA
ÁREA SOCIAL Y TIEMPO LIBRE	ÁREA SOCIAL Y TIEMPO LIBRE

Ahora viene la pregunta más importante:

¿Lo que estás haciendo hoy te acerca al lugar donde quieres estar mañana? Reflexiona aquí con sinceridad:

....

....

....

....

....

....

Guía tu vida en función de esta pregunta y todos los días trata de dar al menos un paso para avanzar en tu camino, siempre con la meta en mente.

¿Alguien dijo que fuera fácil? ¡No! Si te planteo que hagas un trayecto de diez mil kilómetros andando, pensarás que es imposible..., pero ¿y si te planteo que hagas diez kilómetros cada día? Ya no parece tan imposible, ¿verdad? En menos de tres años habrás llegado a tu meta.

Las metas deben estar en tu mente y en tu corazón y tú debes ser coherente con los pasos que das a diario para lograrlas. La buena noticia es que (casi) todo depende de ti.

Estas metas se convertirán en tu motor, el que te dará la energía necesaria para vivir una vida con significado, ilusión y alegría. No tienes que marcar necesariamente metas pequeñas, ¡al contrario! Sueña grande y serás grande. No te pongas frenos antes de haberlo intentado siquiera. Pero tener grandes metas no será suficiente si no trabajas duro e incansablemente hasta que lo consigas.

Ya lo decía William Shakespeare: si el hombre fuera constante, sería perfecto. La persistencia es fundamental, pues, para alcanzar tus sueños, pero cuidado con la falta de paciencia. Si te frustras antes de tiempo y crees que ya has luchado suficiente, es muy posible que termines abandonando.

«Algunas personas quieren que algo ocurra, otras sueñan con que pasará, otras hacen que suceda»,
Michael Jordan.

Menuda factura pagarás si te rindes antes de tiempo, ¿no te parece? El secreto del éxito está en hacerlo absolutamente todo con amor y entusiasmo. ¿Te unes al club?

¿Tienes lo que hay que tener para ser el mejor capitán para tu barco? Marca aquellas de las siguientes afirmaciones con las que te identificas:

- [ ] Eres una persona positiva y optimista, capaz de contagiar ese positivismo a todas las personas con las que te relacionas, de forma que la energía que desprendes deja una estela de buena onda a tu paso.
- [ ] Estás en permanente aprendizaje, adquiriendo nuevos conocimientos, cultivándote, leyendo, asistiendo a conferencias y aprendiendo de los que saben más que tú.
- [ ] Tratas de rodearte siempre de personas que te suman, porque pretendes influir en ellos de forma positiva y que ellos te influyan a ti del mismo modo. Eliminas lo antes posible cualquier relación tóxica que aparece en tu vida.
- [ ] Posees unas buenas habilidades comunicativas y con todo el mundo te expresas de forma asertiva. Te caracterizas por la autenticidad, la honestidad

y la transparencia. Esto te permite ganarte la confianza y el respeto de los demás.

- [ ] Brillas con luz propia y no necesitas apagar la luz de los demás para brillar. Al contrario, sabes que brillas más cuanto más haces brillar a los demás. Por eso resultas tan atractivo. Tu luz atrae.
- [ ] Eres persistente y piensas a largo plazo. No te rindes fácilmente ante las dificultades y eres muy paciente. Sabes que algunas cosas importantes tardan un tiempo en llegar.
- [ ] Marcas tus propias metas en función de tus valores y tus intereses personales y tienes una estrategia para conseguirlas. No esperas lograr las cosas sin esfuerzo ni que los demás las hagan por ti.
- [ ] Reflexionas siempre los pros y contras de tus decisiones y guías tu comportamiento según un plan previamente establecido.
- [ ] No procrastinas y eres una persona organizada y disciplinada. Priorizas lo que es verdaderamente importante y diriges tu vida según esta realidad.
- [ ] Eres inspiración para los demás. Los aplaudes cuando hacen las cosas bien y los ayudas a corregir sus errores desde el amor, la empatía y el respeto.

Si no has marcado todas las que te gustaría, no te preocupes. Puedes fortalecer cada uno de estos rasgos para darle a tu vida una dirección que te lleve al éxito personal que deseas.

Cuando hablo de éxito o de triunfar no hablo de comprarte un coche de lujo, de hacer un gran viaje cada verano o de formar una familia. Hablo de **llegar a lo más alto en todo aquello que te propongas,** y para eso es fundamental definir con claridad tus metas y optimizar tus recursos personales para lograr los objetivos. ¿Preparado?

Claves para liderar tu vida y triunfar en el proceso

Define tus objetivos

Muchas personas consideran que tener éxito es algo muy difícil destinado solo a unos pocos privilegiados. De esto se han encargado creencias muy extendidas que seguro habrás escuchado una y mil veces como «La vida es dura» o «La vida es difícil». Estoy profundamente en desacuerdo con esta idea. **Vivir es fácil cuando te facilitas la vida:** cuando tomas las decisiones adecuadas tras un proceso de reflexión, cuando te acercas a las personas con las que puedes ser tú y que te hacen sacar lo mejor de ti, cuando te levantas «con el pie derecho» con una intención clara de los propósitos que deseas lograr en ese día, cuando haces el bien siempre que puedes, cuando aprovechas al máximo cada día de tu vida porque sabes que cada día no gozado es un día que no volverá jamás, cuando pones el foco en lo que tienes y no en lo que te falta, cuando aprendes de los errores y de las dificultades, cuando te marcas metas que son importantes para ti y pones toda tu energía en lograrlas y cuando aceptas que la vida no es un camino de rosas, pero si buscas las encuentras por todos lados.

Ese es el verdadero éxito en la vida. Tener una vida plena y feliz. Y eso es el resultado de lograr objetivos significativos.

¿Es difícil tener éxito en los objetivos que nos marcamos? No tiene por qué serlo. Hay objetivos más grandes que tardarán más en llegar, pero eso no tiene por qué significar que sean difíciles de conseguir: significa sencillamente que son objetivos a largo plazo y que requieren de más trabajo.

Si sueñas con ser odontólogo y pones la mirada a los cinco años vista que tardarás en lograr tu meta (como mínimo), quizás se te haga un poco cuesta arriba y termines abandonando tu sueño antes incluso de haberlo intentado. Primero un escalón y después otro. No te vas a matricular de golpe en todas las asignaturas que conforman los estudios de Odontología. Poco a poco, primero un semestre y después otro. La clave para seguir adelante con un objetivo a largo plazo es no perder de vista la meta y visualizarte en ese momento futuro una vez que lo hayas logrado. Igual de importante es aprender a disfrutar del viaje hasta la meta. Cuanto más disfrutes, más lejos llegarás y en mejores condiciones lo harás. Estas son las claves para mantener la motivación alta hasta alcanzar la cima.

Los objetivos no se consiguen solo con desearlos. Hay que actuar para avanzar en la dirección adecuada. Para hacerlo, hay que tener claro cuáles son.

Tras haber visualizado la vida que queremos tener en el ejercicio anterior, te propongo ahora que elabores una lista más detallada de objetivos vitales, esos que crees que te van a hacer sentir más pleno y alineado con lo que es verdaderamente importante para ti. Pueden ser objetivos materiales, como comprarte una autocaravana, o experiencias, como hacer un viaje a Japón en primavera. Recuerda ser lo más concreto posible a la hora de definir tus objetivos. «Vivir tranquilo» o «llevarme bien con mi madre» quizás sean conceptos demasiado abstractos. Pregúntate: ¿qué significa para mí vivir tranquilo? Quizás para ti sea no tener una hipoteca o deshacerte de relaciones tóxicas. En tus respuestas encontrarás la forma de definir de forma más concisa tus objetivos vitales.

Te pongo un ejemplo para ayudarte: si sueñas con escribir una novela, debes dividir esta gran meta en otras submetas más pequeñas, que sean lo más concretas posible. Para ello, te puede ser útil establecer cuáles debes llevar a cabo a corto y medio plazo.

OBJETIVO A LARGO PLAZO (objetivos que deseo conseguir a lo largo de toda mi vida)
Escribir una novela de ficción en el plazo máximo de tres años.

OBJETIVOS A CORTO PLAZO (para alcanzar en el próximo mes)	OBJETIVOS A MEDIO PLAZO (para alcanzar en el próximo año)
* Dedicar veinte minutos diarios a leer novelas de otros autores por las noches. * Buscar e inscribirme en un curso de escritura creativa *online*.	* Dedicar los domingos por la tarde al curso de escritura. * Pedir una reducción de jornada después de vacaciones para dedicarme a escribir. * Escribir diez páginas diarias de lunes a viernes.

Ha llegado tu turno: te propongo que anotes aquí todos tus objetivos a largo plazo, es decir, aquellos que deseas lograr a lo largo de tu vida. No te cortes a la hora de soñar:

OBJETIVO A LARGO PLAZO (objetivos que deseo conseguir a lo largo de toda mi vida)

Genial, ahora que ya tienes claro qué te gustaría conseguir a lo largo de tu vida para ser más feliz, debes dividir estas metas en pasos pequeños y concretos que te acercarán a la meta final. ¡Adelante!

OBJETIVOS A CORTO PLAZO (para alcanzar en el próximo mes)	OBJETIVOS A MEDIO PLAZO (para alcanzar en el próximo año)

Debes ser constante y firme con todo aquello que te propongas. Lo difícil no es conseguir tus metas, es mantener la motivación alta todo el tiempo hasta que las logras. Por eso es tan importante que te olvides del resultado y te centres en el proceso. Si cada día subes un pequeño peldaño, con el tiempo no te habrás dado cuenta y habrás llegado a la cima.

«El éxito es la suma de pequeños esfuerzos, repetidos día tras día»,
Robert Collier.

Haz más y quéjate menos. La clave del éxito está en tener una **actitud proactiva** y un **plan de acción** debidamente estudiado y detallado. Actúa según ese plan y lograrás lo que te propongas. Nunca pierdas de vista el destino y tus pasos te conducirán inevitablemente hasta allí.

Para no perderlo de vista, será de gran utilidad dejar en un lugar visible tu lista de objetivos a corto, medio y largo plazo. Así, tendrás un recordatorio constante de adónde te diriges.

Mantén la motivación alta. Disfruta del camino y llegarás más lejos

Imagina que te hace muchísima ilusión hacer un viaje a los Alpes austríacos. Tienes quince horas por delante en coche. Te motiva mucho el destino, pero la forma de llegar a él se te hace un calvario. No es lo mismo viajar con una compañía que apenas te da conversación, con una música que detestas y hacerlo del tirón que hacerlo con un grupo de amigos, con conversaciones y juegos divertidos durante el trayecto, con tu música favorita y haciendo paradas en los rincones más bonitos del viaje, ¿verdad?

En el primer caso sufrirás el viaje y probablemente se te quitarán las ganas de embarcarte en un nuevo viaje de características semejantes. En el segundo caso, disfrutarás tanto del viaje como del destino y por ello guardarás un buen recuerdo que te animará a emprender nuevas aventuras.

Pues así con todo en la vida.

El éxito no es solo llegar a la cima. Si logras disfrutar del ascenso, aunque no alcances la cumbre, ya habrás triunfado.

La **automotivación,** de la que ya hemos hablado, es el impulso necesario para lograr los objetivos. Es clave que aprendas algunas técnicas de automotivación para cuando te fallen las fuerzas. Es justo ahí cuando necesitas luchar contra la pereza. Toma nota de estos consejos para conseguir la motivación necesaria:

- Una vez que tienes clara la meta, **empieza lo antes posible.** «No dejes para mañana la felicidad que te puedes proporcionar hoy.» Aunque no te apetezca o creas que lo que puedas hacer hoy es insignificante, empieza. No lo pienses tanto. Al fin y al cabo, para construir una casa bien hay que colocar la primera piedra. Aunque solo pongas una, te sentirás satisfecho, porque ya habrás empezado a andar en la dirección adecuada.
- **Revisa tus avances** cada cierto tiempo. Ver cómo vas progresando, aunque sea a una velocidad distinta de la que esperabas, te dará fuerza para continuar adelante.

- **No te disperses.** Un objetivo cada vez. No pongas energía en otro proyecto antes de haber terminado el que tienes entre manos. Ya sabes, «quien mucho abarca, poco aprieta». Si empiezas varios objetivos a la vez, lo más probable es que no llegues ni a uno ni a otro y termines desmotivándote al ver que no consigues ninguno de los dos.
- **Identifica tus motivaciones.** Tener claros los porqués y tus para qués será clave para mantener tu motivación alta. Es de gran utilidad hacer por escrito una lista lo más larga posible, con todos los motivos por los que es importante para ti alcanzar esa meta. Cada uno de ellos te dará la fuerza necesaria para seguir adelante. Releer esta lista será de utilidad cuando la fatiga llame a tu puerta (si es que lo hace).
- **Haz el camino más atractivo.** Las cosas que nos motivan y nos gustan no nos cuestan ningún esfuerzo. Si eres un fanático del pádel, no te costará nada ir a entrenar en un día frío de invierno, pero si odias hacer deporte y lo haces por obligación porque el cardiólogo te lo ha recomendado, cualquier excusa será suficiente para abandonar tu rutina deportiva. La clave está en encontrar la manera de hacer esa actividad más atractiva. ¿No te ves metido en un coche quince horas? Prepara una *playlist* con tu música favorita, llévate un libro, pasatiempos, localiza de antemano las paradas más atractivas para comer y disfrutar del trayecto. ¿Odias el gimnasio? Convence a tus amigos para ir juntos, apúntate a las clases dirigidas más dinámicas y divertidas, ponte

tu música favorita mientras haces tus rutinas en solitario y date un premio las semanas que consigas ir al menos tres veces.

Haz de la persistencia tu bandera

Rendirse no está permitido. Ten presente que en cualquier objetivo que te marques pueden aparecer dificultades de todo tipo: fatiga, problemas, desmotivación, nuevos proyectos que eclipsan el anterior... Si te caes, aprende a levantarte y aprende de la caída.

Haz lo necesario para triunfar.

**«La ambición es el camino al éxito.
La persistencia es el vehículo
en el que llegas»,
Bill Bradley.**

La persistencia es la fortaleza personal que te permitirá seguir invirtiendo esfuerzos a pesar de la presencia de obstáculos o dificultades que traen consigo frustración y fatiga. La persona persistente comprende que las dificultades forman parte del trayecto y no se rinde a pesar de ellas. Sabe que algunas cosas importantes tardan un tiempo en llegar. Enfócate, sé firme y constante y el éxito será el resultado inevitable.

Recuerda que no importa si tus triunfos son grandes o pequeños: son tuyos y todos suman. Empieza a cultivarlos ahora mismo. No hay tiempo que perder.

EN RESUMEN

- Las personas con una elevada autodirección son responsables, autosuficientes, organizadas, seguras, creativas y dirigen su vida basándose en metas significativas. Tienen un locus de control interno. Esto significa que sienten que tienen el control de lo que sucede en sus vidas.
- Son personas muy efectivas, pues adaptan su comportamiento en base a elecciones y objetivos determinados.
- La buena noticia es que, aunque no lo creas, esto es algo que se trabaja y se logra con el tiempo.

Es el momento de dejar de poner excusas. De coger el toro por los cuernos y liderar tu vida.
Define tus objetivos, mantén la motivación alta y sé persistente.

EPÍLOGO

Es hora de recoger los frutos

Ya no eres un lienzo en blanco y no pasa nada. Cada decisión y cada experiencia que has vivido hasta ahora han ido creando nuevos trazos hasta convertirte en la obra que eres. ¿Te gusta? Sigue así. Si no estás satisfecho con lo que ves, siempre estás a tiempo de volver a empezar. Pinta de nuevo tu lienzo de blanco y tendrás la oportunidad de volver a dibujar la que se puede convertir en tu mayor obra de arte. O utiliza los trazos que ya estaban, solo los que te servían. No te conformes con menos, porque recuerda que ser feliz es urgente.

—¡Qué alegría verte aquí! —me saludó afectuosamente Carla cuando me vio entrar por la puerta de su restaurante.

—¡¡¡Madre mía!!! Pero ¿qué maravilla es esta? Es un local realmente precioso y tú estás radiante con ese delantal negro —dije emocionada al ver el proyecto tan bonito que había construido Carla.

—¿Cuánto hacía que no nos veíamos? —preguntó.

—Pues hará poco más de un año y mira dónde estás. Estoy impresionada y muy feliz por ti. ¿Cómo te va todo?

—No te imaginas lo feliz que soy y la cantidad de cosas bonitas que me han ocurrido los últimos meses. No ha sido un camino de rosas, eso es cierto, pero me siento muy afortunada por todo lo que estoy logrando con trabajo y esfuerzo. Nunca hubiera imaginado que este sueño se haría realidad y mira. Ya es un hecho.

—Claro, los sueños son solo eso hasta que una toma las decisiones necesarias para materializarlos y convertirlos en algo real —afirmé.

—¿Te quedas a tomar algo antes del servicio? —me preguntó.

—En realidad quería cenar aquí. He quedado con mi familia en una hora, si tienes mesa para nosotros, claro. Pero quería venir antes yo sola para saludarte.

—¡Claro que tengo una mesa para ti! —dijo visiblemente emocionada—. Ahora estoy tranquila. Tengo todo listo para el turno de la cena. ¿Te apetece tomar algo?

—¡Genial! Pues sí, si tienes kombucha, me tomaré una de limón —dije.

—Ahora mismo te la pongo. ¡Tengo tantas cosas que contarte!

—Pues siéntate aquí conmigo y ponme al día. Me encantará saber qué ha sido de ti este último año —dije.

Terminar la terapia no hizo que Carla terminara su proceso de crecimiento personal. Al contrario, siguió superando miedos y desafiando creencias que había sostenido toda su vida. Todo se precipitó más deprisa de lo que ella imaginó, porque una oportunidad llamó a su puerta en forma de local en traspaso en una de sus calles favoritas de Barcelona. Los antiguos propietarios, un matrimonio de setenta años, no querían continuar con el restaurante, que habían regentado los últimos cincuenta años, y pusieron el cartel de traspaso en la puerta. La librería que Carla solía frecuentar estaba justo al lado, y aquel día, curiosamente, fue a por una nueva novela. Al salir de la librería, vio el cartel y un impulso la llevó a llamar para pedir información. La semilla se había sembrado hacía unos meses y estaba a punto de germinar. La mañana siguiente estaba, junto con la que es su socia, negociando el precio del traspaso. No daban crédito. La cocina estaba en perfectas condiciones. El local no era muy grande, pero suficiente para empezar. A ambas les encajó el precio y en menos de dos meses abrían las puertas al público. Solo tuvieron que hacer una pequeña inversión para poner suelos de madera, mobiliario nuevo y una decoración urbana muy sofisticada. Los clientes llegaron rápidamente atraídos por una carta fresca y divertida y un espacio de lo más agradable en medio de una agitada Barcelona que no descansaba nunca. Carla hacía el mejor guacamole y los mejores cócteles de la zona y su socia era una artista en los fogones. Pronto se corrió la voz y el restaurante empezó a dar beneficios casi desde el principio. Los conocimientos de Carla sobre finanzas, su don de gentes y la creatividad de su socia en la cocina fueron claves para el buen funcionamiento del negocio. Carla se sentía completa. Le encantaba lo que hacía y desde el inicio habían planteado un horario con el que ambas se sintieran cómodas. Abrían al público a partir de las cinco de la tarde y ofrecían tapas y cócteles espectaculares. Y servían cenas de lo más ricas hasta medianoche. A las pocas semanas de abrir el negocio, el representante de una pequeña empresa de distribución de bebidas acudió al nuevo restaurante a ofrecer sus servicios y de allí salió algo más que un negocio. Mario entró a las tres de la tarde con un sol radiante a su espalda. Carla no vio nada más que una figura oscura que se acercaba a ella. Cuando lo tuvo enfrente le dio un vuelco el corazón. Esos ojos verdes que parecían un océano la dejaron en *shock,* tan alto, tan guapo, tan agradable, con esa voz... Se puso un poco nerviosa. Nunca había sentido un flechazo como aquel. La química fue brutal. Empezaron a hablar sobre el negocio, ella sobre comida, él sobre bebidas. Hablaron de descuentos, entregas, transportes y una cosa llevó a la otra y Carla lo invitó a tomar algo. Así estuvieron hasta las cinco y media, cuando empezó a llenarse el local y no pudo continuar esa cita inesperada. Ella se moría de ganas de verlo esa misma noche después de terminar la jornada, se lo propuso, no quería perder la oportunidad, pero él le dijo que mejor se verían al día siguiente para comer sin prisas. Obviamente ella aceptó y ahí empezó una historia de amor increíble, caracterizada por el respeto, la confianza, la comunicación sincera y el amor más puro que Carla había tenido jamás. A las tres semanas estaban viviendo juntos. Todo de repente funcionaba a la perfección. Lo tenía todo, absolutamente todo, para ser feliz. Y lo mejor es que ella era la artífice de todo aquello.

—Qué alegría escucharte, de verdad. No te imaginas lo feliz que me hace saber que todo te va tan bien y que estás tan satisfecha con las decisiones que tomaste. Me alegro de que el restaurante también te haya traído el amor —le dije.

—Sí, también me ha acercado a mi hermano, que viene los fines de semana a ayudarme con los cócteles, así que lo veo más que nunca desde que me fui de casa. Estoy en una etapa de plenitud. A veces me da miedo que esto, que es tan maravilloso, se termine —explicó.

—Como sabes, hay que aprender a vivir en el presente, de lo contrario corres el peligro de andar por la vida preocupada por un futuro que no sabes si va a llegar. La felicidad está aquí y ahora. Por cierto, Carla, me he fijado en el nombre de tu restaurante. Blue Morpho. ¿Por qué este nombre? —le pregunté curiosa.

—Pues tiene un significado muy especial para mí. Morpho es el nombre de una mariposa azul espectacular que vive en América Central y del Sur. Me enamoré de su color y su forma en el viaje que hice a la Riviera Maya cuando me despedí del trabajo. Las había por todas partes y me pareció fascinante. Existe una leyenda sobre la mariposa azul que explica que dos niñas atraparon una de ellas y trazaron un plan para demostrar que el sabio con el que vivían no era tan sabio y también se equivocaba. Decidieron desafiarlo preguntándole si la mariposa azul que esconderían dentro de su mano estaba viva o muerta. Si el sabio respondía que la mariposa estaba viva, entonces la niña la aplastaría y la mataría. Si, por el contrario, este respondía que estaba muerta, entonces la niña abriría la mano y la dejaría volar demostrando en ambos casos lo equivocado que estaba el sabio. Esta leyenda representa exactamente lo que yo aprendí contigo, que somos los únicos responsables de decidir qué ocurre con nuestro futuro. No podemos hacer nada con el pasado, pero el presente y el futuro dependen de nosotros y somos responsables de lo que hacemos con él. Yo soy una mariposa. He hecho una metamorfosis a todos los niveles. No dejo mi mariposa en manos de nada ni de nadie. Mi vida es responsabilidad mía y ninguna otra persona puede encargarse de la tarea más importante: la de hacerme feliz.

Agradecimientos

En primer lugar, quiero darte las gracias a **ti,** querido lector, por regalarme tu tiempo y permitirme que entre en tu mente y espero que también en tu corazón. Gracias infinitas, porque sin ti todo esto no sería posible. Deseo de corazón que todo lo que aquí has aprendido te ayude a ser, cada día, un poco más feliz.

Gracias, **Jordi,** por estar ahí para absolutamente TODO. Por leer cada uno de los capítulos a medida que iban naciendo. Por emocionarte como lo has hecho junto a mí. Por darme la fuerza y la seguridad para continuar cuando me han faltado. Por ser siempre fuente de inspiración. Por hacer que saque siempre lo mejor de mí.

A **mis padres,** que me han dado SIEMPRE su apoyo incondicional, y en especial a **mi madre,** que siempre me ha animado a compartir mis conocimientos a través de un libro. Algo que siempre me pareció imposible hoy puedo sentirme orgullosa de que sea ya una realidad.

Gracias a **Laura Gamundí,** mi editora, por darme la oportunidad de escribir junto a ti. Gracias por apostar por mí. Gracias por tu cercanía, tu eficiencia y tu gran profesionalidad. Trabajar así es un gusto y un lujo. Gracias por tus maravillosas aportaciones y por darme siempre ánimo y regalarme siempre palabras tan bonitas.

Gracias, **Sylvia de Béjar,** la autora cuyo libro es uno de los que más he recomendado a lo largo de mi trayectoria profesional, porque la salud sexual hay que cuidarla tanto como la salud mental. Eres un referente para mí. Gracias por hacerme creer que podía crear un bonito libro y que podía trabajar con una gran firma como Planeta. En aquella conversación pusiste una semilla en mi mente que ha dado como fruto este libro. Eternamente agradecida.

Gracias, **Lola Gulias,** por tu apoyo y por ayudarme a que todo esto sea una realidad.

Gracias a todo el **equipo de Planeta,** que está detrás de este libro. Sin su magnífico trabajo, las palabras que aquí hay escritas no serían lo mismo.

Y, por supuesto, gracias a todos y cada uno de los **pacientes** que han pasado por mi consulta a lo largo de los últimos veinte años, por todo lo que he aprendido y crecido con ellos, por darme la confianza de poner en práctica las valiosas herramientas que con tanto cariño he compartido en estas páginas y que me han permitido vivir de cerca la transformación personal que han experimentado.